直白人的贏家法則

停止委屈，大聲說出自己的想要和需要，
適用人生9大主要領域的最高效直接表達法

THE POWER OF RUDE

Stop Being Nice and
Start Being Bold

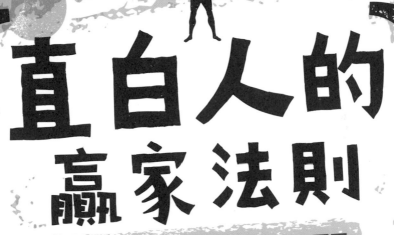

目錄

僅以此書獻給我自己，因為是我寫的；
還有我妹妹露西，因為她真的需要好好讀一讀這本書。

聲明

有些話，我就直接說在前面

本書所指的「直白」或「粗魯」風格，是根據作者自身經驗，加上作者撰寫本書期間訪問的女性們的經驗集結而成。

受訪對象絕大多數是異性戀或雙性戀女性。所以，書中提到的「戀愛」，都預設為一男一女的情侶組合，原因在於一男一女的戀愛型態是最常見、也是多數女性的經歷，雖然這並不意味著作者認為異性戀是情感類型中的「正確」或「常態」。

此外，多數研究顯示，有鑒於同性戀女子對於戀情滿意度與性生活滿足度都高於異性戀的女性同胞，所以在約會與愛愛這兩個章節，所給的建議大多是針對異性戀女子。她們遠比同性戀女子更加需要忠告。假如妳的愛愛對象不是生理男，那可以跳過約會篇、愛愛篇這兩章，同時想想自己有多幸運。

最後，在寫書時，我不用「女性與非二元性別」、「與異性交往的女性」等等詞彙或特別區分性別的字詞，原因單純是不想讓這本書的文句變得太冗長，所以全書使用標準語書寫，力求簡潔易讀。我不是刻意忽略多元聲音。特此向大家說一聲。

撰寫的方法

我用什麼方法蒐集書中受訪者的答案

為了盡量收集女性和粗魯力之間的相關例證，我採匿名問卷形式，總共邀請一百五十二位女性填答。題型都採用是非題，當然她們也可以用文字敘述，回答時無字數限制。

為了避免受訪者的取樣，受限於我的年齡層和生活區域，我也將訪問對象擴及我的朋友圈之外。受訪者各種年齡層都有，但大多數的人落在四十歲以下，雖然也涵蓋了四十歲（含）以上的人。

我也花了大把時間坐在不同的咖啡廳裡，又搭乘不同路線的公車，只為了聽聽女生之間的對話。身為一個天生雞婆的人，我覺得這麼做超正常，但其他人知道後覺得我好可怕（抖）。不過，我的雞婆用在觀察女生互動，真的非常管用，而且也驗證了我的假設：無論出自什麼背景和年齡，女生每天都在擔心自己的言行會不會太粗魯、態度太直白了。

前言

你是否曾經有類似的經歷！

- 餐廳端上來一頓糟糕的大餐買單，你雖不滿意，還是忍耐著買了單。
- 鄰居們的音樂太吵，害你整夜睡不著覺。
- 上樓梯時，因為後面有人也要上樓，所以在前面的你不得不用兩倍速爬樓梯。
- 有位朋友欠你錢未還，你假裝忘記了。
- 有人送你一個你很討厭的禮物，你一直留著它，也不敢去向送禮人要收據，拿去店家退費。
- 為了拒絕陌生人的搭訕，你只好謊稱在等男友（其實你沒有男友）。
- 聽到一則傷人的笑話，卻跟著對方一起陪笑。
- 健身房團課結束後，幫別人收器材。
- 別人插你隊的時候，選擇惦惦不出聲。

- 在高鐵或飛機上，你前方的乘客把椅背向後推到最底，但你還是把自己的椅背維持直立九十度。
- 你舉辦「女子之夜」，勉為其難同意有些與會的女性朋友攜男伴參加。
- 定期幫室友收拾善後。

若上面幾項都有發生過，或時常碰到這種鳥事，那你真是讀對書了。這些事情看似雞毛蒜皮，不過，假如你每週都為了不想要表現出太粗魯的態度，而做出以上行為，那麼到了月底或年底，你為了配合周遭親朋好友而犧牲自己的事，累積起來就像萬里長城那麼長了。這本書將告訴你，如何停止經歷這些鳥事。

過去一百年間，女性已經邁出了好大一步，看看法律條文所保障的女性權益，似乎有了很大的進步。今日女性主義的知名度大為提升，廣受歡迎，出了許多代表性人物，包含女星艾瑪．華森（Emma Watson）、歌手碧昂絲（Beyoncé）、音樂人泰勒絲（Taylor Swift）等等，許多知名女性都以身為「女性主義者」而自居。像我這樣的人，也以「女性主義者」的身分維生。

儘管女性主義如此風生水起，世界各地的女性仍日復一日遭受性別歧視。男女薪資差距依舊存在，女性身體自主權飽受攻擊，性暴力頻仍，孕婦女權和育兒條款仍然將女性排除在就業市場之外。世上前幾大強國如今仍然幾乎沒選出任何一位女國家領導人。所以，儘管你在各式各樣帆布托特包、粉色鉛筆、項鍊、T恤上面看到各式標語，女性主義還是有一大段路要走。在這場為女性而戰的戰役中，我們還沒有贏，因此，繼續為改變社會而戰，無比重要。

但是這種改變進程緩慢，實踐起來頗為困難，而且還有不公平的現實，那就是改善壓制女權結構的責任重擔，往往也落在女性身上。如果我們要延續從鼓吹婦女參政權開始的女性革命，那麼除了要為扭轉社會體制而戰，還要解決「女性不自覺而遵守的各種社會期待」的這個問題。我所謂對女性的社會期待，指的是女生必須拿出甜美笑容，坐姿端正，盡可能縮小占用空間，把自己的想要和需求擺最後，千萬不要表現出粗魯強硬的樣態。

我開始提筆寫這本書的時候，決定要用日記來寫下「每次我為了不想讓自己說話太直白而顯得粗魯，因此做出的違心之舉」。我本來以為大概要花好幾個禮拜才能觀察到我有哪些行為符合「不想表現得粗魯，而做出違心之舉」，結果發現光從我開始紀錄的第一天，問題就一一浮現。

星期二　早上八點半

一早起床發現沒設鬧鐘，上班快遲到，於是我叫計程車到公司，通勤時間直接減半。

星期二　早上九點

坐進一台計程車，車內熱到爆，但司機看似很喜歡這麼暖，所以我只好開始一層一層剝開外衣。原本想開個窗通風，但最後還是決定不要。司機先生轉開收音機，聽一場吵到不行的運動賽事轉播，我覺得頭很痛，但心想，說不定那是一場很重要的比賽，他不想錯過精彩片段。所以又一次，寶寶心裡苦，但寶寶不說。車開到我辦公室的時候（我在一家女性雜誌當數位編輯），我對搭計程車來上班這件事感到很囧，希望沒人看到。

星期二　早上九點半

要是我去買杯咖啡，那就會遲到四分鐘，但今日工作的產值會比較高。只不過，我沒膽遲到還一副若無其事的樣子，所以就沒買咖啡，也因此在接下來的兩場會議中，我都很愛睏。

星期二　早上十點十五分

一位作家寄了一份文檔給我，但她寫的內容並沒有達到我的預期水準，可是我太喜歡她了，所以啥都沒和她說，自己默默重寫。

星期二　下午一點

午餐時間到！這週稍早我先煮好一大鍋咖哩和一大鍋湯，準備接下來幾天按等分慢慢熱來吃。今天出門前我老公問我，帶便當要選咖哩還是湯，我說都好——儘管我其實想帶咖哩。最後老公拿湯給我。我一邊慢慢吃一邊內心咒罵自己（怎麼不說想吃咖哩呢？傻子）。

星期二　下午兩點半

名義上算是我團隊中的一位成員，中午外出吃了一個半小時的午餐。儘管我超想狠狠教訓她，不過等她進辦公室的時候，我問：「都還好嗎？」潛台詞其實是：「怎麼出去吃那麼久啊？」她燦笑回我：「都好呀！」

星期二　下午五點半

我做完當天所有待辦事項，因此得到一個理所當然的結論——我可以打完收工。可是又怕有人注意到我提早離開辦公室，會不會覺得我很懶惰，所以決定繼續留在辦公室，刷購物網站頁面，思考著要不要弄個瀏海。晚上六點，通常是下班時間，我站起來，故意製造一些噪音，創造出「呼！我今天事情都搞定了」的感覺，然後有同事跟我說：「欸你怎麼還不下班？」我才敢走出辦公室。

星期二　晚上七點半

我每週都會上同一班芭蕾舞的團課，為了占到自己最喜歡的位置，我都會提早到教室。今天有位女學員遲到，還莫名其妙站離我很近，我只要一不小心就會踢到她，我只好放棄自己喜歡的大好位置，向芭蕾舞把杆另一側移動。

星期二　晚上九點

芭蕾舞下課後回到家，需要洗個頭，但我老公還沒有做晚餐（他平常不太下廚，都是洗碗擔當），我最後只好烤茄子來吃，洗頭這件事明天早上再說，可是早上洗頭又可能會導致上班遲到。

星期二　晚上十一點

我才剛要睡著，老公的鼾聲就出來了，像電鋸一樣的聲音。我打算換個地方睡，但又覺得和老公分房睡會不會顯得我像個壞老婆，所以我沒有把他搖醒，而是等到自己氣到火冒三丈、心累到不行後，才瞬間扯下他蓋的羽絨被。這下他醒了，看起來一臉受傷難過的樣子，我突然覺得非常罪惡，於是向他道歉，接著他繼續倒頭大睡，我則繼續當他打鼾獨奏會的聽眾。

大家都討厭寫作業，但為了要把本書功用發揮到極致，我鼓勵你可以試著寫日記或週記，完全誠實面對自己因害怕顯得粗魯而遭恐懼主宰的每個當下。

緣起

今天要說一個很直白又粗魯的故事

粗魯　形容詞，無禮冒犯他人，態度或行為不佳。

例句：她對她老闆的態度很粗魯。

例句：他是個粗魯又自大的惡霸。

現在不到早上七點，我人在電視台攝影棚裡，準備上《英國晨間新聞》現場節目，這算是稀鬆平常，是我工作的一部分。身為一位記者和女權議題評論家，我是節目固定班底，坐在前方有桌子的座位或是沙發上，座位安排說穿了，就是讓我可以對主持人皮爾斯・摩根（Piers Morgan）開火。

每次到電視台的套路總是一樣：我抵達時通常還是半睡半醒狀態，等造型師弄完我的妝髮（妝髮就是我的防護盔甲），然後乾掉一杯咖啡。接著，結束一場天馬行空、瑣碎的錄影前閒聊後，踏進攝影棚就定位，與某位指定來賓進行沒那麼瑣碎，但更加犀利、更加火爆的辯論，因為對方的立場觀點和我完全相反。節目進行中，主持人皮爾斯・摩根通常會在我左邊大吼大叫，坐在右邊的來賓朝他吼回去。

我今天蠻緊張的，幫我把收音麥克風別在胸罩上的工作人員雙手冰冷。順便介紹一下麥克風會夾在哪裡：如果你是男的，會別在你外套或夾克的口袋上，但如果女嘉賓穿連身裙上節目，那麼音響工程師會一臉尷尬，用一隻冰冷的手扶著你的背，另一隻手把麥克風夾在你的胸罩上。

我上節目很少會緊張的，但今天我又累又覺得很有壓力，現在一大清早，我在聖誕節前吃胖了，這代表節目播出後不久，就會在社群媒體上掀起一些很可怕的留言評論，況且這次錄影主題本身就意見兩極：喜劇人員在舞台上開的玩笑，是否應該設下底線？

製片人領我走過一條走廊，介紹這次嘉賓給我，是一位喜劇演員。有次接案的業主規定他不能在慈善活動現場玩性別和種族的梗，但他打破約定，因此鬧上新聞，但也不算是大新聞。「嗨，你好，」我臉掛笑容，伸出我的手準備跟他握手。「很高興見到你，」他也笑容以對，極其友好，一如喜劇人員的舉手投足。

電視製作人會把待會要上節目的嘉賓安排在不同休息室裡，這麼做有兩個理由：一是製作團隊不喜歡來賓們在鏡頭外就開始辯論鬧起來，二是假如來賓們在休息室相談甚歡成了朋友，待會就很難在節目上掀起潑辣辯論。

總之呢，電視製作人向我指明待會錄影時我們該怎麼站位，然後告訴那位喜劇人員要站在我前面。

「難道不是應該女士優先嗎？」喜劇演員笑著說，「噢，等等，這麼講是不是有點性別歧視？」

我回以微笑，可能還翻一點白眼，但沒回嗆他。對方正試著把我惹毛，也的確奏效，但當下我沒有察覺到自己的情緒，畢竟，你也知道我是個好女孩，若別人想開性別歧視玩笑來挑釁我，我會保持冷靜。我是來這上辯論節目的，但內心還是希望所有人喜歡我。就是這點，我之後才明白，真是錯得離譜。

幾分鐘後節目現場開播，有人提問，那位喜劇演員已經先答完了，接著換我回答。不料在我說話時，他卻一直插我話。我一怒之下自己都還來不及想清楚，就先把食指放在嘴唇前面，對他做出「噓」的噤聲手勢，要他閉嘴，把他當作一位調皮搗蛋的小孩一樣應對。我不斷發出「噓」的聲音，但他還是拼命講。最後我說：「要不就讓我說，要不我們比賽誰聲音大，但我不會就此閉嘴的。」然後他就閉嘴了。

這是打從我有記憶以來，首度使一個男人住嘴，好讓我暢所欲言，感覺棒呆了，好像我打破了自己的玻璃天花板一樣。經過多年在無數次的晚餐聚會與工作會議中爭取大家聽我發言之後，我終於豁出去了，直接給他粗魯處理回去。

錄影結束後，我和喜劇演員雙方和顏悅色交談、握手、友好告別。然後，幾乎就在同一瞬間，一切都炸開鍋了，社群媒體瘋狂流傳我的所作所為，用不齒的語句下標題：「粗魯的蕾貝卡」。我一時爆紅，聖誕節連假回老家的時候，親友還學我把手指放在嘴唇前，做出「噓」的樣子和我打招呼（的確還蠻好笑的）。一夕之間，我成了人們眼中的「粗魯女」。

起初我囧到不行，我才不粗魯咧，我從小就被誇有禮貌，總是把「請」和「謝謝」掛嘴邊；我吃飯照付小費，朋友生日我就寄賀卡祝壽，相約吃飯平均分攤付帳我也從不抱怨，就算我吃的不多。我曾負責撰寫禮貌言行舉止的專欄，還寫過爆炸多的感謝卡。

不過，隨著節目播出，有越來越多的人叫我「粗魯的蕾貝卡」，我也越來越了解：原來我在過去這十年的人生裡，一直走在一條覺醒之路上，我逐漸擺脫了從小開始學習的禮教，變得越來越粗魯，而且，我越粗魯就越快樂、越成功。這一切並非巧合！

我終於明白：粗魯，是一種天賦；與其排拒粗魯這份天賦，我反而要在接下來的人生，讓粗魯成為我自己的超能力。

定義

什麼是正向的粗魯

既然本書的主題是言行舉止很直白，導致顯得粗魯這件事，那我們或許要先了解粗魯這個詞的真正意義。

本書所指的粗魯一詞，我稱之為「正向的粗魯」。意思是，同樣的行為，如果是女性做出來的，就會被稱之為「粗魯」，但男性做的就會被稱為「堅定、有主張」。正向的粗魯指的是，以堅定而有禮的方式表達：這食物的品質糟糕到無法入口，我不願意付錢。而在同樣的情境下，傳統上的粗魯行為（也是不為人所接受的粗魯）就會出言辱罵廚師，或洩憤在服務生身上——他才領基本工資，工作又累又疲憊，餐點品質好壞根本不干他屁事。

正向的粗魯意味著，你想要的，以你需要的，至少和其他人想要的與需要的，具有同等的重要性。接著，你的言行舉止要符合上述標準。

如果你讀這本書的目的，是為了找理由怒斥打掃阿姨，或開車時硬切別人的車道，那這本書無法幫你忙。本書的目的在於，當你停止莫名擔心自己舉手投足看起來粗魯無比，生活將會是什麼模樣。

選選看

直白而粗魯 vs. 不說心裡苦

老實說，我自己也常常抓不準「粗魯」和「容忍」之間的平衡點。我從小到大都被教導要有禮貌，現在必須在正確的時間拿出適度的粗魯力，確實是一大挑戰。就拿我在《英國晨間新聞》現場節目那次獲得的領悟來說，我噓了他要他噤聲之後，接著我繼續說：「你已經有過你發言的機會了，接下來換我講。」其實這句話，每個女性都應該準備好，隨時拿出來用。只不過根本沒人鳥這句話，大家在意的是我做出的那個「噓」手勢。看起來是有點幼稚沒錯，不過做完這個手勢感覺蠻爽的。

要調製出完美的粗魯比例，是一大挑戰。我曾寄出幾封太過於直白的信件，給比我資深的人。內容持平而論，其實批判很精準，也很公允，但這樣當然沒辦法得到我希望獲得的反應。同樣，我也曾在幾場派對上火力全開與人爭論，那種砲火的強度，其實更適合用在公司董事會討論併購案的場合，而不是在手捧雞尾酒杯的時刻。在朋友聚會的場合猛攻一位朋友，只因為他錯誤引述某年總統大選的數據，或許會讓你贏得辯論，但人家下次就不邀請你了。

而且，我天生就不是粗魯無禮的人。記得有次一名汽車共乘的司機竟然在我快下車時對我暴吼，原因到現在我也搞不懂，於是我下車時對他比了中指，然後在 app 留下差評。但我並沒有因為讓他以後接不到生意而感到開心，反而花了好多天覺得很愧疚，還檢討自己有沒有反應過度。或許他那天心情不順？或許他不懂對我吼叫是不對的？我人生中大部份時間都相信，和他人的感受比較起來，我的感受是錯的，是不重要的。現在要我重寫人生規則，讓我難受到爆。

我花超多時間讀了一堆雞湯書，書中通常宣稱只要用幾個簡單的步驟，就可以全面翻轉讀者的生活。但我這本書做不到。我能辦到的是，賦予你各種工具和方法，成為一個粗魯而正向的人。

想想看

為什麼大家都不敢有話直說？

在我們打破粗魯的循環之前，必須先了解為什麼我們會害怕自己表現得很粗魯。對我們大多數人來說，這份恐懼源自童年。

我了解，把一切都推給童年時期已經老掉牙了，但這是真的，且聽我細說。我們的父母花了無數個小時，把這些觀念灌進我們的腦海裡：用餐完畢要經過大人同意才能離席，上課發言時要舉手，人打噴嚏的時候要說「祝您平安」，打呵欠要用手摀嘴巴等等。至今我依舊遵守來自長輩的某些叮嚀。我以前打工當保姆的時候，絕對會隨時說「請」和「謝謝」。我相信，你一定可以在維持禮貌又可愛的前提下，表現出正向粗魯的舉止（雖然聽起來可能有點矛盾）。

有種禮貌，叫做零成本助人為樂的禮貌（例如說請，說謝謝，對櫃台人員或門房道聲早）。還有一種禮貌，就是本書想要幫助你重新思考的禮貌——因為這種禮貌，會使得你覺得你自己的需求、想法和意見，比起其他人的需求和意見，顯得很不重要。重點是，這兩種禮貌是不一樣的。

我們從小就被教導要犧牲自我。小朋友想要玩你的玩具？給他玩嘛。只剩最後一顆糖果？留給你妹吃吧。雖然大人教導的目的是希望孩子長大成為無私、為別人奉獻的人，卻往往塑造出一種「把自己的需求，永遠擺在最後一位」的濫好人，即使到了必要時刻，依舊無法拿出魄力或氣勢來替自己維權。

尤其是小女孩啊，我恐怕得說：你們一般還比小男孩慘。只要讀讀十九世紀浪漫詩人羅伯特・索錫（Robert Southey）寫的詩就知道

小男孩，怎麼來？
小男孩，怎麼來？
青蛙、蝸牛，還有小狗尾巴做出來，
小男孩就是這麼來。

小女孩，怎麼來？
小女孩，怎麼來？
加糖、加香料，加上一切可愛的東西做出來，
小女孩就是這麼來。

近年來流行「超越性別刻板印象」的教養法，不過，許多人的童年教育依舊充滿了性別刻板印象。我的意思不是說女孩子不能穿男生衣服，或說你不能喜歡足球。性別刻板印象的影響，比上述還要來得深刻多了。

你父母對待你，以及對待你哥哥、弟弟（或你生活圈裡面的小男生）的方式，或許並沒有故意要偏心或差別待遇，但他們還是蠻有可能有所差別。這都是因為代代相傳的常見刻板意象，連他們自己都沒發覺，例如「男生嘛，就是這麼皮」。男生通常比女生還慢熟，天生比較好動，需要體力發洩出口。

二〇一八年，第一新聞（First News）的調查結果顯示，多數年齡介在九到十四歲的

孩子，感覺到他人對待自己的方式，會因為自己身為男或女而有區別。有一位十歲小女孩甚至留言，她在學校曾遭人說應該要表現得「像淑女」一點。

至於我所稱的粗魯，大概就是「表現得像淑女」的反面了。事實上，如果這本書是一位女性，那麼「倡導粗魯的這本書」會把一杯盛滿的馬丁尼潑在「表現得像淑女小姐」的臉上，然後和她老公上床。「表現得像淑女」代表你要表現得甜美、安靜、不爭競吵鬧，淡然接受人生，你只要負責不斷製造宴會小口食物款待客人就好。我提倡的「粗魯直白」，意思則是完全掌控這個世界，不斷壓榨它，直到你得到你需要的東西為止。

我們常聽見一句令人沮喪的話：女孩子比男生還要早熟。不過臨床心理學家漢米拉．露易絲博士（Hamira Ruiz）告訴我們，這是沒有科學根據的。露易絲博士說：「雖然腦神經科學家們的確逐步發現新證據，指出大腦在青春期過程中與其後會進行自我修復，也有部分核磁共振證據表明，同樣在青少年大腦發展階段，女生和男生神經突觸的自我修剪不只差很多，速度也較快，但是，要將大腦的許多神經變化和諸多特定性別行為扯上關係，推斷還是過於牽強、結論下得太快。」

先不管科學怎麼說，「女生比男生還要早熟」這點已然成為一個自我預言。女孩們在年紀還小的時候，就受到「高於男孩的標準」來檢視，要求她們對自己的行為負責。這代表我們女生在大腦發展最活躍的時期，就必須開始思考、擔心自己表現是不是很粗魯。

「男生嘛，就是這麼皮」則是另一個籠統敘述，也已然成為根深蒂固的性別印象。我以前打工當保姆的時候，常常呆坐在戶外遊樂設施旁邊，都因為iPhone電池實在很不給力，沒手機可刷只好看著孩子們怎麼玩耍。如果你也有這樣的機會，好好觀察一下保母們對待男孩和女孩的差別：女孩更常被念，大人更常叫她們把正在玩的鞦韆或溜滑梯（或是全場最受歡迎的設施）讓給別的小孩玩。

「男孩體力比女孩充沛、男孩成熟比較晚」這個觀念已經根深蒂固了，所以男孩子需要多放電四處跑，在家具爬上爬下，打斷爸媽聊天，行為粗魯一點沒關係。

這也難怪，我們從小的時候，大人就用性別來畫分男孩女孩，等到女孩長大，往往很難在工作中展現自信、果斷的一面。這樣會很意外嗎？從我們還是小女孩的時候，大人就一而再再而三對我們耳提面命，要安靜等待輪到自己的時候，要樂於慷慨分享，要常說

「請」和「謝謝」，還有大人講話的時候別插嘴。等我們長大以後，我們乖乖等待輪到自己升遷的機會；我們樂於和別人分享我自己需要的空間；我們在開會或晚宴上發言之前會先請求允許，獲准之後我們會說謝謝。主管講話的時候，我們不會打斷他然後要求他給我們加薪。當主管不給我們加薪的時候，我們也摸摸鼻子毫無怨言。坐大眾交通工具的時候，若有噁男把手伸進我們的裙子裡，我們也一聲不吭，因為不想把事情鬧大。在酒吧裡，我們告訴男人說：「我有男友，不能和你喝一杯。」卻沒有實話實說：「我這人很簡單，就是不想跟你喝一杯。」

問題在於，在大人的世界裡，「努力鞭策自己不斷向前」才是成功的象徵，可是我們從小父母就教育我們不要粗魯待人，把我們培養成壓迫自己的兇手。我們小時候所受到的教育，恰好成為長大後困住我們的枷鎖。

第一章

朋友篇

著名思想家，同時也獲頒一級梅林勳章的阿不思．鄧不利多曾說：「對抗我們的敵人，需要過人的勇氣；而對抗我們的朋友，同樣需要過人的勇氣。」鄧不利多是小說、電影裡的角色，所以當然，上述金句是出自《哈利波特》作家JK羅琳之手。而她實在一語中的：對再也不見的人直話直說是一回事，但對認識自己好多年、對你言行舉止有特定期盼的朋友，發揮粗魯力，則是難上加難。可是，朋友是我們很常一起相處的一群人，她們也最有可能對你我提出要求，所以，我們必須學會如何把粗魯力發揮在朋友身上。

我十三歲那年，電影《辣妹過招》（Mean Girls）剛上映。如果你到現在都沒看過這部電影，給我把書放下，趕快去看，因為坦白講，本片是電影史上的超讚好片，至今仍值得入圍奧斯卡最佳影片獎。至於那些在當年看過之後就再也沒二刷的女生，在此幫你們簡單複習一下劇情：原本住非洲且在家自學的凱蒂，長大後搬回美國住，因為過去她從未經歷過美西青少年文化，很快就發現女生世界非常複雜，有獨特的運作規則。電影中最令我吃驚的是，裡面對女生交友的各種觀察，與我成長的英國東薩塞克斯郡的女校生態簡直一模一樣。女生們會在人前說：「你的裙子我很喜歡欸！」過不了幾秒，一轉身就對其他人狠毒吐槽：「那是我有史以來見過最醜的爛裙，醜到爆。」

在青少年時期，我們和朋友之間彼此施加的惡行，豈止一般嚇人。我捏造過一些不實謠言，說有幾位同屆同學吸自己的奶頭、用派克牌鋼筆自慰、與馬術教練有一腿。秉著我優秀的說故事能力，編造這些謊言輕輕鬆鬆。我對同儕施壓，霸凌身邊女生，到處講八卦婊她們、傷害她們，而她們也對我做出一樣的事。這些你來我往都是暗中較勁、偷偷摸摸，而且，這些行為不一定隨我們揮別青少年時期就停下來。

長大戀愛的時候，我們做出（或至少裝出）和青少年時期完全相反的舉動，我們不會一直打電話給男人，等他一接起來我們就掛斷，也不會在同一天和好又分手三次；我們不會鉅細靡遺和朋友們聊愛愛的所有進展過程，從挑逗到插入；而我們喜歡誰，也不是姐妹淘可以決定的。大學畢業後不久，我注意到我對男人還有性的看法會隨年齡而改變，但我對朋友的行為、態度幾乎沒變（主要是在她們背後說壞話，說完又擔心她們全都會黑特我）。唯一實際的變化是八卦地點：以前是在爸媽家邊喝健怡可樂邊毒舌，現在變成是在自己或好姐妹的公寓，邊喝紅酒邊八卦。

友情是一種高度複雜、棘手的情感類型，以至於我們許多人在其中不知所措。假如你也像我一樣，從青少年時期一路渾渾噩噩成長到二、三十多歲，和朋友相處的方式沒有任何改變，那現在或許是時候可以想想，該做出什麼不一樣的行動了。

八卦、攻擊和憤怒

一般來說，男生的友情和女生的友情本質上差很大，雖然這個說法太模糊，但似乎也沒說錯。男人和男孩若被朋友惹到，較傾向有話直說，甚至偶爾還會像小孩一樣大打一架，憑拳解決。女人和女孩被惹到的時候，比較不會直接告訴對方，也不會揍對方一拳，但這不代表她們就不會還以對方顏色。女生會用更隱晦、卑鄙的方式，才不會破壞美美的臉蛋啊。

現代女性主義有一種傾向，就是把每件事、所有事都推給父權，這麼做看起來有點過於簡單粗暴，不過大多時候的確如此。女性總是被要求要外表看起來和善、溫柔、擁護和平，但這些都是難以承受的重擔。因此，為了符合上述社會期待，我們每每避免和朋友衝突，轉而在她們背後大說壞話。

我觀察到，一個男生可以對另外一位男生朋友直截了當，當面說：滾啦你！但若我對女性朋友怒吼「滾啦你」，那整個對話就會突然一片安靜。若我的女生朋友惹我傷心的時候，我要不就惦惦，要不就和其他朋友抱怨她對我做的事。如果我真的想跟她說些什麼，那就會是我們倆出去喝一杯，在冷靜、有所節制的情況下討論為什麼我們對彼此不滿。雖然女孩兒們的處理方式沒什麼錯——訴諸言語解說，遠好過飆罵「滾啦你！」或揮拳相向，但女生彼此有衝突時的解決方法，卻談不上完美。

我們覺得自己必須要當好人，所以很少在朋友面前大暴走，直接發洩情緒。而且，正因為我們不允許打架，甚至有時候氣到連出去喝杯酒把話談清楚都沒不想，最後只好把怒氣往心裡吞，要不然就是在背地直接互婊起來。難過的是，你我都心知肚明，假如有個女生常和你在一起說別人壞話，那她也一定會背著你跟別人說你的壞話；凡是那些願意和你一起大講他人八卦的閨蜜，只要你一轉身她們就會在背地跟別人說著你的八卦。

所有調查研究，加上我個人經驗，在在證明了人都需要宣洩怒氣的出口，這很正常。我發現，每次我生氣的時候，不管是在大眾運輸工具上被人無禮推擠，或是在開會的時候有人尖銳批評我，事後我都會沮喪好長一段時間。可是，上述事件基本上都是一時的，不像友情是長久的，所以只要我們因為某位朋友而生氣，卻沒有發洩這股情緒的管道，情緒就會像傷口一樣逐漸潰爛。我常常發現，自己會對一個禮拜之前發生的芝麻小事而持續生氣，原因就是我沒有找到一個出口，把這份情緒加以排解。

我的意思不是叫你去參加社交活動，然後故意找別人碴來發洩怒氣，不過為自己找到發洩方式真的很重要。透過把內心話直接說出來：「我很失望，因為原本喬定的事情又突然取消」或「我很喜歡聽你說事業多成功，但我也想聊聊自己的工作啊！」你把憤怒從內在壓力鍋裡排掉，生活就可以繼續前進，避免回家後，你再對你們的一位共同好友訊息大轟炸，向她抱怨你們的那位朋友有多可惡。

小圈圈，和切八斷

如果有人認為在不同的女生小圈圈裡，每個小圈圈裡的女生都彼此互相崇拜，那你就大錯特錯了。如果你所屬的女生小圈圈，大家都住附近，彼此之間感情都很好，會一起外出，談論彼此的生活，從來都不會膩，那麼你要不就是一、交友達人；不然就是二、活在電視連續劇裡。

成年人的友誼更像是人生不同階段的大雜燴。你的朋友圈內成員彼此也認識，但大多是透過你而認識的。更有可能的是，在你的社交圈裡還有一些人是你不那麼喜歡、但還是會和她們往來，因為她們已是你現有社交圈的一部分，對你來說，把這些人踢出去你的社交圈太費力了，還不如假裝有興趣聽她們聊自己的男友、貓咪、工作、製作手工藝等。如果你比較喜歡你社交圈裡面的某幾位朋友，這很正常；但如果你開始耗費大量時間嘲諷你自己根本不喜歡的朋友，那問題大概就在你了。

我們都知道怎麼跟男友分手，標準步驟其實很簡單：你應該據實以告，而且最好當面跟他說（如果你們兩個的感情是認真的）。分手後你可能會很難過，經過一陣子的情緒翻攪、大哭、猛聽泰勒絲的歌，你開始去練踢拳、去剪頭髮，然後霹哩趴拉碰，你就變成全新的自己了。拿愛情來比喻友情，或許有點搞笑，但在感情中的分手，確實是有一套慣例和儀式，像極了宗教聖禮。不過，在另一方面，友情切八斷，並沒有任何慣例和儀式可遵循。實際上，就連和朋友絕交，都很少見。

我十幾歲的時候，決定和一位朋友絕交。我們倆去速食披薩餐廳吃午餐（我們那年紀最高級的餐廳）、逛了一下午的街（也就是說坐在購物中心的某條長板凳上），接著達成共識要絕交，放完連假回到學校，別再做朋友，而是把時間精力放在其他朋友上。回想起來這樣處理真的有夠囧又有點八點檔，非常切合無知少女之間的友情，但我們想達成的目標非常清楚。沒錯，當時我們都讀女校，根本不認識任何男生，但我們想嚐嚐分手的滋味，加上我們已經不想再當朋友了，所以決定要替友情畫下句點。

在戀愛關係上，女性可以很果斷、直白的告訴對方我們分手吧，因為社會上早有分手SOP可以遵循了，而且社會也允許我們在這種情境下有話直說。但說到友情，卻沒有任何標準分手步驟可以套用。我們從沒想過自己可以對交友圈的女性朋友說：「謝謝，但還是不要了。」所以我們只好一拖再拖，繼續與那些算計我們、貶低我們的女性朋友出去喝酒，或在週末招待根本住在很遠很遠的朋友過來我家玩，結果整個過程中，她們都只聊自己。

我長大以後，曾與一位朋友絕交，那次經驗是我經歷過最痛最痛的分手。在此之前，我們有五到六年要好到不行。她年紀比我大，事業有成，生活安定，而我正經歷巨大的改變，剛剛揮別學生身分，出社會第一份工作是前台接待人員，接著變成專欄作家，而在我們做朋友的那段日子，我的感情狀態也從單身到準人妻。一開始我以為我們絕交的原因是我個人事業和身分的轉變，因為原先我們的互動就是建立在她年紀較大、比較有智慧，是友誼中的主導角色，而我是那個比較笨、比較年輕、比較貼心的擔當，她叫我做什麼，我就做。有一陣子，這套模式很管用——我喜歡有人幫我規畫社交生活、建議我該怎麼做，她身兼類似媽媽的角色。但隨著我年紀越大、越來越獨立後，我開始對這樣的相處模式感到窒息、太上對下。

最後，我們大吵一架，她封鎖了我所有的聯絡方式。她當然有權這樣做，可是我那時卻是整個人大崩潰。但如今回想起來，我很佩服她的作法，不像我，總是緊緊抓住身旁的每一位朋友，深怕有一天會發現自己星期六晚上沒人約。當時那位絕交的女生朋友夠直白、夠粗魯，決定往後她再也不想跟我有任何牽扯。長遠來看，只要能適度發揮我們的粗魯力，就可為我們省下很多頓神經緊繃的午餐或晚餐聚會，以及有話不直說的 WhatsApps 互傳訊息。

在友情中，必須來點粗魯

如果你向來行事風格就有點粗魯，有話直說，那麼變得更粗魯些並不會太難。可是，大多數女生都戴著好女孩面具，或者天生就是個純真好女孩，那要一夜之間改變，就很難了。更困難的是要如何在和善與粗魯的蹺蹺板間，找到一個更好的、全新的平衡點，一點也不偏倚某一邊。倘若你原本是默默替別人做牛做馬的人，突然轉換成悍然拒絕你最要好閨蜜的三十歲生日派對，只因為你就是沒心情去派對，寧可在家看《戀愛島》實境秀。那這樣就有點超過了。

最佳的策略是改採謹慎的循序漸進，慢慢的在一些場合裡有話直說，然後長期下來，你就可以直言婉拒前往一個很遠的餐廳參加只吃全素食的女子之夜。不過，這樣做的問題點在於：不太符合我提出的整套粗魯力哲學，不是嗎？

要在友誼當中引進粗魯力，最佳方法是要平等以待，禮尚往來。事實上，你朋友想要婉拒你的邀約，次數真的接近你想要婉拒她的邀約。一想到坐在倫敦市中心的一家人擠人的酒吧戶外用餐區，看著姐妹們乾掉一杯杯酒，你可能會心一沉；同樣對你的好姐妹來說，她們也不喜歡你的點子——星期日早上九點出門跟你晨跑完之後吃早午餐。把粗魯力帶進友情裡，並不代表所有事都你說了算，而是要對你閨蜜坦白以告：「我覺得我們不要再做那些會讓彼此有壓力或不開心的事。我以後會直接告訴你，哪些事我不想做，或是我太累，又或沒錢所以做不了。希望你也可以用一樣的方式對待我。」

粗魯力並不等於「你不想做的事，就不用去做了」，畢竟有些該做的煩心事還是躲不掉。粗魯力是讓你做選擇時有所憑據，能夠決定哪些事情就算討厭，還是得去做。如果只是自私的把時間只花在自己想要做的事，就真的很母湯喔——完全隨心所欲的話，你會爆肥、窮到吃土、丟掉工作。重點在於，你必須誠實面對自己和他人，對每個情況做出明智的評估。去看阿公阿嬤？這是重要的事。去和根本不熟的人吃一頓貴桑桑的團體聚餐？嗯，沒那麼重要。

我妹妹常說：「喔這還不錯耶！但我不想去。」這樣講話的態度還蠻輕率的，但很管用。有次我邀她去看脫口秀，場地距離我家五分鐘，但距離她住的地方兩小時，她就祭出了這句名言；還有次我想說服她和我一起上她也會喜歡的芭蕾舞成人班，她再度搬出同句名言。你興趣滿滿的某個活動，其他人可能無感，甚至連假裝喜歡都辦不到。

我撰寫此書之前，我在「與朋友相處模式」這個領域裡絕對需要發揮更多粗魯力。我有個閨蜜，之前每次聊天話題總是圍著她的小孩，每次晚餐聚會她都不事先說一聲就把小孩帶來，明明孩子的爸就可以顧，也請得起保母。有好多次姐妹聚會之夜，我很想抽根菸、乾掉一大杯紅酒、盡情飆髒話，但最後變成是我坐在她家臥室，稱讚她小孩好聰明，都會把積木撿起來。最後我直接當面告訴她，不是透過 WhatsApp（儘管我比較想這樣）喔，我希望我們聊天的時候，小朋友不要在場，單純只有兩個大人一起。

講完後，一開始情況不太妙，她哭了出來，接著她說了一堆話，大概是：「我覺得你對我女兒一點興趣都沒有，可她是我的生活重心。當媽媽對我來說，不是一件簡單的事。無論你感不感興趣，身為我的好姐妹，你理所當然應該要聽我講這些對我很重要的事。我很抱歉，我無法再像過去還沒生孩子的時候跟你當朋友。不過事實就是，我回不去了。」她的確有理。

最後，乾掉一杯紅酒後，我們做出妥協：我們把相處的時間分開了，有時候我去找她，和她還有她小孩在一起；有時也像以前一樣，只有我們兩人一起出去。做出決定後，我們的友情明顯變得比之前更加親近、牢固，彼此說話方式也變得更直接。起初，她覺得我的粗魯是很沒有同理心的，但實際上我會直接跟她那樣說，原因是我非常珍惜我們的友情。由於我們倆都開始對彼此誠實（你說是粗魯也行），我們雙方都能各取所需，而不是變得彼此討厭。

把粗魯力用在友情裡，幾乎可說一定會給你帶來一些困擾。你需要和朋友們解釋，找出需要改變之處，可是假如你願意花費這般的時間和心力，你可能會發現，對朋友粗魯，其實是一種愛的表現（嗯，這樣說，聽起來會不會有點奇怪啊！？）。

友誼也需要畫定界線

二〇一九年，名為梅麗莎．法布羅（Melissa A. Fabello）的一位學者在網路上爆紅，因為她為了因應朋友找她討拍、但她無暇處理的這種場合，發展出了幾招方法，有點類似在辦公室門外貼出「非上班時間勿擾」的牌子。她在推特寫道：「我是那種朋友在痛苦的時候會想要聯絡的人，因為我很擅長處理情緒，處理問題也很有邏輯，朋友在需要『話療』、想要釐清自己想法的時候，常常第一個先想到我。但朋友們太常無預警就把一堆情緒丟給我，這樣不但打擾我正在處理的事，也把我拋進一種『危機模式啟動』的壓力處境，一啟動就很難關起來。除非朋友當時真的情況危急，不然對我很不公平。」

我剛看到法布羅的說法時，覺得有點困擾，可是當我仔細審視我內心的那股困擾的感覺，我發現我對她的憤怒，不但源自於我不喜歡她那種「心理治療式」的說話方式，也源自我內心深處「不喜歡凡事都把自己放在第一位」的這種人。

實際上，我了解法布羅的處境，我也是那種凡是親友需要找人聊的時候，馬上會想到的人。我是個好聽眾，平常對於他人的問題很感興趣，家裡的葡萄酒也一直囤好囤滿。或許，我發現自己越思考法布羅提出的看法，越瞭解我之所以不喜歡她提出的「當朋友找你吐苦水，你怎麼辦」方法，是因為以前我總認為自己必須放下一切來聽朋友傾訴。

法布羅也有提出一個標準處理模式，教你怎樣在自己心也很累的時候，來應對那些向你討拍的好姐妹們。她的模式是這麼寫的：「嘿！很高興你聯絡我，但我其實也正在處理其他朋友的危機／我其實也還正在消化一些自己的情緒，所以我現在沒有足夠的扣打來幫你。可不可以晚點再聊／可不可以找別人和你聊聊？」我第一次讀到這幾句，當然又是氣到跳腳，覺得完全是現代版自私自利的極致，法布羅的罐頭回覆就像是家裡網路壞掉的時候，你打去詢問客服會聽到的那種自動答錄內容。但是從她貼文底下的爆量回覆可知，法布羅很顯然打中了痛點——的確，有些時候我們必須把朋友的需求，擺在自己的前面，但有時候你也必須告訴朋友，我已經聽你哀太多次關於男友的事了，現在我沒有時間。

雖然跟人說「我現在沒心情知道」看似冷血無情，但你也真的有權畫定界線，你沒有義務不分日夜幫助別人。急事歸急事，和一般日常抱怨是兩回事，不過，就你所能提供最基本的關心，畫定好界線，這是完全合情合理的。如果你對所愛之人設好期望的界線，讓她們知道：你只能在有餘裕的時候，發自內心對她們遞出關懷，那麼她們說不定會更能好好向你傾訴，而不是感覺自己被放生。

告訴朋友「我現在沒那個心情和你聊」聽起來很粗魯嗎？可能有一點。這是發揮正向粗魯力嗎？可能也是，取決於你和她對彼此的期待。假如你把某位朋友暫時切換到「離線模式」，你也要做好心理準備，她也會這樣對你。

有沒有小孩，對友誼的影響

在我朋友群中，最大的差距就是有沒有小孩產生的後續影響，而這反映出社會整體現象。有小孩和沒小孩的女性之間，領的薪資就不一樣，各種社會措施要不就專門設計給小孩使用，不然就完全僅限於成人。有時在討論某個主題，會有人用高人一等的口吻說：「為人父母，就應該這樣那樣……」好像有了孩子，他們就比避孕的人說起話來更有說服力。

長期友誼有時會碰到一個障礙：老朋友之中，你和她可能會有一個因為生小孩而改變人生目標。當你成了新手媽媽，一切都變了。有了孩子，就像朝自己的友誼水塘扔出一塊石頭，陣陣漣漪的影響範圍遠超出你和你的伴侶。請別誤會我意思，為人父母是個奇蹟，同時也代表你自己做出的選擇，可是有了孩子後，會影響你生活中的很多人。我沒有生小孩，但我有很多朋友都當爸當媽，所以我見證朋友有了小孩後，絕對會改變了你和她們之間的關係。無論你有多努力，有小孩和沒小孩的人之間存在著一條界線，而這使得我們有時比較難發揮粗魯的力量。且讓我們一起看個經典的（也是真實的）兩難情境題：

最近有個女生朋友剛生小孩，產後幾週她應邀去參加另一個朋友的生日派對，而她的寶寶才剛三週大，明顯需要媽媽餵奶，顯然整個派對晚餐時段都不能離開媽媽身邊。這位媽咪很想要帶小孩一起參加（雖然小寶寶可能整個派對期間都會在睡覺），但她朋友，也就是沒有小孩的壽星，想要整夜喝到掛，不想要小寶寶來攪局，不然會改變整個派對氣氛，還有，假如她答應了這位新手媽咪帶孩子來，那其他女生朋友可能也會想帶她們的孩子一起來。

這是個非常經典的例子，因為完全沒有誰對誰錯。穿著閃亮亮洋裝的壽星，不想坐在新手媽媽的互相應援團之中，還被可愛的小天使吐奶在她裙子上；而這位媽咪朋友也不想因為自己生了小孩，就被排除在閨蜜團之外。或許小孩整晚都會睡死，不會影響到派對，但她又不能為了參加好姐妹的生日派對，就把小孩丟在家。

假如我建議那位壽星粗魯一點，我會告訴她架子擺起來：是她在過生日，所以遊戲規則她說了算。要是她不想讓小孩參一腳，那她就有權利告訴閨蜜團，不准給老娘帶小孩來。如果是給那位新手媽咪建議，我會跟她說，她也有權利要求她的朋友為她做出適度調整，讓她可以參加姐妹聚會；另一方面，也告訴她的姐妹淘，假如她們不想要小寶寶一起來，那很遺憾，她就只好缺席了。最後，你可以做的就是試著一方面勇敢發揮粗魯力直說無妨，另一方面也可以對人和善。發揮粗魯力並不表示你就毫無人性或厚顏無恥。

實際情況的解方可以是新手媽咪出席一下下就離開，她的另一半先顧小孩。壽星和閨蜜團在新手媽媽在場的時候，給她足夠的稱讚和關注。這樣的話，至少參加派對的好姐妹都有盡到責任了。

可是，很不幸，就我個人經驗，重擔大多落在我們沒有生小孩的女性身上。我常在參加生日派對的時候，花了大把時間和小朋友在軟質材料遊戲區玩躲貓貓，一面等著哪位朋友問我最近過得怎樣，但她們根本不會問。向朋友攤牌把話說清楚真的很難，不過，假裝迎合也很虛偽。你至少要試試看開口請朋友不要帶小孩來聚會，而且，讓我們面對現實吧，假如每個人都不生小孩，那人類也差不多要滅亡了。可是很多時候，我們好像得殘酷二選一，要不就向朋友攤牌，我不想陪她小孩；要不就好好支持她。可是，我們沒理由不能兩者兼得啊！週末的禮拜六早上，你雖然嚴重宿醉，還是前去水族館，身旁有一大群跑來跑去參觀的小孩們——老實說，你會出現在這種場合，原因是你想與心愛的朋友相處，而不是因為你喜歡參加親子週末活動。你應該直接告訴朋友：很開心今天和她還有小孩一起來水族館，但其實你更希望日後有機會的話，和她在燈光昏暗的酒吧來杯馬丁尼，沒有小孩，只有你和她兩個一起。

若你允許自己發揮一點粗魯力，代表有時候你需要告知朋友：「我知道這是你的生日派對，但要不就請你接受我和寶寶一起參加，不然我只好不打擾大家興致了。」或是「我很抱歉，如果你想帶寶寶一起來，那這次我恐怕不能邀你，因為這是個以大人為主的活動，我希望之後再和你還有寶寶約約。」這樣就能心平氣和地把事情處理好。

所以，再次得證，不是不能發揮粗魯力，而是要用正確的方式，選擇適當的時機，想好要怎樣溫和的表達，堅守住自己的立場，但不要搞得好像是對方的錯，或咬定她就是搞壞興致的人。若你或你閨蜜其中一方有孩子，你們想要維持友誼的時候，並沒有所謂誰對誰錯的問題。

如何使用正向粗魯力：朋友篇

◆朋友之間很難實施有話直說的粗魯力，尤其是多年好友，因為她們已充分掌握你的行為表現和反應。但是，在你宣布新的「遊戲規則」時，她們可能會有點驚訝，但應該還是能夠理解。

◆友誼有消有長，很正常。你不用覺得自己有義務隨時讓每段友誼維持在非常和諧的狀態。

◆好朋友應互相包容體諒。如果每次見面完畢你就覺得心很累，對方根本不想聊你，只想聊自己，那這種友情就不值得繼續下去。

◆你的好友當爸媽後，孩子會徹底改變他們的生活。你沒有義務要跟著一起調整，除非是你自願配合。

◆偶爾嘴賤說點別人壞話和八卦，這很正常——女人之間的社會互動模式比起互相談心，更喜歡八卦彼此是非。話雖如此，但如果你一直在抱怨某個人，那這就徹底反映出你對她的真實感受，應該好好傾聽自己內心的聲音。

◆有時候，友情也需要斷捨離，就像是愛情會經歷分手一樣。

◆在朋友圈中，人人相處融洽，而你和其中的每一位關係一樣緊密，這種情節只存在童話故事裡。把自己從幻想中解放出來，你就會覺得心靈更自由。

◆你不是免費諮商師，所以，如果有人把你當諮商師在用，你有權利設下和她之間的界線。

◆意思是，你也要做好心理準備，別人同樣也會對你畫定同樣的界線。發揮粗魯力並不代表你蠻橫不講理，所以你不可以在半夜三點打電話給好姐妹哭訴：「為什麼他不愛我？」同理，她只能在你開放的好閨蜜諮詢時段——每週二和週四晚上十一點到隔天凌晨一點，打給你哭夭。

典範人物：瑪格麗特公主

一九三〇年生的瑪格麗特公主，是已逝的英國女王伊麗莎白二世的親妹。雖然女王向來就是以待人有禮而著稱，但瑪格麗特公主完全不走這條路。所以，她完完全全就是一位閃閃發光、盡情發揮粗魯力的女子。

她的傳記作者寫道，她每天早上九點起床，在床上吃早餐，接下來兩小時繼續坐在床上聽廣播、讀報紙（她總是把讀完的報紙紙張丟得滿地都是），然後開始抽菸，一根接著一根。王室成員的工作主要是剪綵、握手、假裝你對每個聊天對象都充滿興趣，這些事情裡面完全沒有粗魯的成分。但是，瑪格麗特公主特別擅長一件你我大多數都很糾結的事：對人說「不」。

有次她受邀參加在倫敦附近切爾西（Chelsea）舉辦的派對，在派對上披頭四成員喬治・哈里森（George Harrison）主動上前攀談說，警察在他房間的衣櫥放了一塊大痲，所以他遇到「痲」煩了。哈里森不久前才因持有毒品遭捕、罰款、保釋出獄。他問瑪格麗特公主這次是否願意幫他脫險，這對公主來說，簡直輕而易舉，但公主並沒有為他動用關係擺平此事，公主只簡單說了一句：「我不是很想幫這個忙，這種事會讓我很麻煩。」

自古以來，所有故事中的公主都用來教導小女孩，該拿出什麼樣的行為舉止，例如你我都知的灰姑娘，一聲不吭咬牙撐過悲慘童年，所以得到的獎勵就是一件漂亮洋裝、幾雙新鞋，還有超有錢的老公。這套觀念恐怕不太適用於現代，而瑪格麗特公主恰好就是不走灰姑娘路線的代表人物。

瑪格麗特公主傳記《親愛的女士：99次瞥見瑪格麗特公主》作家克雷格・布朗（Craig Brown）在書中提及，有次演員戴瑞克・傑寇比（Derek Jacobi）與瑪格麗特公主共進午餐時，被公主教訓了一頓的故事。「我們一共有八個人一起吃午餐，我坐在公主旁邊的位置，她一直在抽菸，連湯端上來的時候都沒有在菸灰缸捻掉，而是把菸斜擺在菸灰缸上。我們倆相談甚歡，很合拍，公主聊著她的媽媽和姐姐，讓我覺得自己就像她的好友一樣。然後她又拿起一根新的菸，我順勢拿出打火機想幫她點菸的時候，公主居然從我手中奪走打火機，拿給了一位名叫大衛・沃爾（David Wall）的舞者。公主對我說：『親愛的，你還不夠格幫我點菸，我們沒那麼要好。』」

聽起來很嗆嗎？當然。不過，瑪格麗特公主替我們再次證明，粗魯力是種技能。你我之中有多少人，遇到有人不熟裝熟讓我們感到不舒服，卻又什麼都不說，只因為不想讓自己顯得傲慢呢？這種顧慮，瑪格麗特公主完全沒有。公主的朋友——格倫康納公爵夫人安妮（Anne Glenconner）在她的自傳《公主陪侍》（暫譯，Lady in Waiting）中提到，瑪格麗特公主恨透了無時無刻總有個誰想幫她點菸。一旦公主討厭某件事物，比起「寶寶心裡苦，但寶寶不說」，她選擇搞到人盡皆知。我身邊有好多女生害怕做出什麼事引起人家注意，或許比起灰姑娘，瑪格麗特公主才是我們的典範。

第二章
家人篇

為人子女，我們常以為別人家總比自己家來得好。以前還是學生的時候，你同學吃的麥片總是比你好，她們爸媽更早就同意她們穿耳洞。然後，到了你二十多歲，你總算明白家家有本難念的經，像極了一團難解的數學，每個人都有讓她起肖的事。

每個家庭對自己家內的直白溝通，抱持著不同態度。假如你來自一個非常傳統的家庭，很有可能在成長過程中對父母畢恭畢敬，但我不是這樣長大的。實際上，在生活中，能讓我最自在發揮直白、粗魯力道的對象，就是我家人。我直呼爸媽姓名、和兩老一起喝酒、在他們面前抽菸，而且大喇喇、毫無保留談論我的感受，因為我們是一個超級親密的家庭，我最喜歡和我爸媽、兄弟姐妹（還有我老公）在一起。

我們之所以可以這麼親密，原因在於成長過程中我和兄弟姊妹對彼此都很直白粗魯。正值所謂青少年叛逆期的時候，我朋友的父母常訂定各種規矩來限制東限制西，但我爸媽不來這套，他們很會交朋友，自己就有很多社交活動，根本沒興趣和子女綁在一起。每個星期，我們家最神聖、不可侵犯的時段就是星期日午餐，大家圍桌而坐，無所不談。俗話說，有些敏感話題最好不要在餐桌上聊，像是性、宗教信仰和政治，但比起三緘其口，我們家更像是把它看作必聊話題。許多年來，週日午餐的話題包含肛門美白、性愛影片，還有金・卡戴珊家族的大小事（我爸可以直接講出幾個主要成員的名字，但我們這些孩子都不想聽他說）。

就我而言，我父母是完美的「有話直說」代表。他們有著充實忙碌的生活，從來不會為了小孩的一時興起而犧牲自己想做的事。爸媽希望我們多多跟朋友一起玩、探索這個世界；而當我們有需要時，他們就會打造一個溫暖安全的環境，有葡萄酒和蛋糕，等著我們回來取暖。爸媽鼓勵我們從失敗中學習、積極與人討論。倘若有人想要等到他人邀請才開口，那這個人肯定得維持惦惦好一段時間。

在我和當時的男友，也就是現在的老公才交往幾個月時，他首次來我家作客。他帶了一瓶紅酒到我家，彬彬有禮，但當晚他首度在我們家的晚餐還未到尾聲時，他已經嚇到原地驚呆：我們一家在餐桌兩端隔空彼此咆哮、辯論著各種主題（從英國脫歐到實境節目《愛之島》），大家邊喝酒邊飆髒話，經常打斷彼此講話，只差沒有彼此互扔食物。我的好老公來自一個有禮貌、行為端正的家庭，他原本以為這會是一個平靜的夜晚，和我家人禮貌聊天，結果卻意外闖進全國最粗魯的大本營。

當然，並不是所有人都在一個能包容直白、粗魯彼此對待的家庭中長大。就算像你我這樣的人，也很難把新的、正向的粗魯力帶進自己家庭中。

家庭裡要做出任何改變都不容易，尤其是和父母的互動方式。我們小的時候，父母往往想把我們打造成他們心目中理想的樣子，就算你後來得到經紀公司的模特兒合約，而親姐姐贏得諾貝爾獎，如果你小時候爸媽為你貼上「聰明伶俐」、為她貼上「漂亮寶貝」的標籤，那麼這些標籤到你長大依舊如影隨形。

據我經驗，任何主動或有意識改變自己的決定，都會在自己的家庭內釀成衝突。他們的不滿，原本出自美意，因為照理說，你家人愛你，所以他們不覺得你需要有任何改變，改變很可怕，改變代表著棄絕過往。

假如你爸媽是那種很重視服從、尊重長者的人，而如今你已是成人，他們還是一直把你當孩子看，那我必須很直白、很一針見血告訴你：是時候可以好好評估一下，要不要起身反抗了。如果你想和爸媽有段真誠、毫無保留的親子關係，那沒錯，你的確應該要告訴他們：你是雙性戀、你吃全素、你和男友婚前同居、你正要辭職以便全心投入床墊研發事業……等等。可是，在攤牌前，確實應該先想想自己是否該對家人施展正向的粗魯力，以及後果到底值不值得。

倘若你在踏進爸媽家門前，臨時決定踩煞車，還是不要這麼直白粗魯好了，這也不代表你就是人生失敗組。很多人回家面對自己爸媽的時候，都會面臨如此困境，有些父母永遠不會了解子女的人生選擇，若你想要強迫爸媽了解你和你的生活方式，可能最終只會大輸特輸，得到的只有自己的滿臉不開心。若你對爸媽語帶保留描述自己的近況，掌握哪些該說、哪些不該說，這也不表示你這麼做很失敗。回老家呈現爸媽想看的一面給他們，之後回到自己家過著你自在真實的人生，這樣並沒有錯。或許光是這麼做，就已算是有發揮正向、直白的粗魯力了。

回到父母家，如何實踐正向的粗魯力

我最討厭自己的一個習慣，就是每當在聖誕節回爸媽家，我就會退回到自己的青少女樣子。每年到了十二月，我就下定決心今年決不再重蹈覆徹，但每到聖誕夜，我就和我妹為了電視遙控器大打出手，還會對哥哥大發脾氣，因為他明明應該去洗碗，卻沒有洗。

專家指出，人類之所以會有這種「回歸、倒帶」的退化行為，是因為身體回到舊有的環境時，我們的情感也會隨之回歸到往日時光。講得還真對，但我覺得這也與你一直以來該發洩、卻沒好好發洩的那些情緒和恨意脫不了關係。

在你成長過程中，偶爾會受到來自爸媽的傷害，如果你長大後，和父母有段不錯的關係，那你可能就傾向於不要像翻舊帳一樣重提過去的傷痛。何必呢？不必沒事找架吵嘛，幹嘛表現得那麼粗魯。但問題在於：要是你不冒險惹惱你爸媽，刺破那些瘡流出湯，那麼瘡只會越長越大、怒氣越來越多、痛苦越來越深。每當你回到老家，兒時或青少年時期的傷痛回憶就會傾巢而出，卻找不到出口發洩自己的痛苦，使得你強迫自己回歸到以往那種無力的童真狀態，就像青少年一樣，你的情緒問題在診斷書上變成「賀爾蒙失調」，沒人鳥你，因為你就只是某一個典型的青少女而已。突然間，你好像回到當初自己的房間，大聲甩門，音樂轉到很大聲，因為這些是唯一你可以全然控制的環境。

我還是青少女的時候，爸媽很擔心我的體重。這還蠻奇怪的，因為我雖然不瘦，但嚴格來說也不算胖，就是正常體型，可是這樣的正常在他們眼裡並不正常，所以他們用盡各種方法要我減肥：聘請私人健身教練、強迫我要做完運動才能看電視、告訴我如果成功瘦下來就買個新衣櫃給我。

不出所料，爸媽的作為只讓我更、更、更把注意力放在減肥，毫無疑問，到如今我花最多時間精力思考的事情就是瘦身。對此我氣到爆，而我也的確或多或少怪罪我爸媽。由於他們對我的體重如此上心，所以我經歷過暴食症，一直以來，我要不就在節食，要不就在暴飲暴食，因為我從十三歲起就對節食失去了信心。

就算瘦身、減肥、節食至今仍不斷困擾著我，可是我從來沒跟爸媽聊過這段往事，我決定不要去戳這個馬蜂窩，我並不想把童年時光的每件事都丟回去給他們，因為以前每當我說我想吃冰淇淋，他們就面色慘白，可是，我因為怕影響親子關係而沒有直白對爸媽說出我心裡想法，也使我為此付出代價。爸媽在場的時候，食物、體重、身體意象全都是火藥庫裡的炸彈，在任何慶祝節日的家庭聚會場合中我無法盡情大吃特吃（除非我那陣子一直在節食，看起來比平常瘦）；參加家庭聚會時，我總會刻意穿著，希望我在他們眼中看起來顯瘦。每次進到我原本的房間，我總會想到自己的身體，但在自己的住處，我已適度和那個在乎體重的我達成了妥協。

對於原生家庭，你可能也有自己的敏感話題，或許不是體重，而是性、職涯、情史等等無窮無盡的其他話題。不過，有些事情對你來說過於痛苦，以至於你不願意試著去糾正自己的爸媽；也有些人不怕直球面對爸媽，所以坦白向爸媽揭開他們造成的各種傷疤。說出真心話的整個過程，可能讓她們變得更堅強，可以改善對過往經驗的感受。然而，若你像我一樣，有些敏感話題還是封鎖在佈滿鐵絲網纏繞的禁區，也沒差，你可以一邊對原生家庭引入一點點較小的粗魯力，一邊讓往事留在過去。

我在本章前段提到，要能夠讓多年好友們以及自己的家人接受「你改變了」，這件事其實不容易。有時候，比起言語，直接做出來展現給他們看，效果還更好。你可以在一位不看好你、覺得你得穿XS尺碼才有男人愛你的阿姨面前，坦然吃下第二盤義大利麵；你也可以告訴一位愛打探的表親，你不願意回答任何和交往有關的問題。你現在是大人了，或許回到原生家庭還是會讓你再度覺得自己又是個青少女，但顯然你已經不是了。

如何對另一半實踐正向的粗魯力

當初和老公交往幾個月後，我到他住處，躺在浴缸裡泡澡，結果一不小心把他家浴室地板弄到淹水。我囧到不行，一路和他道歉大概有十五到二十次，宛如我殺死了他最愛的寵物似的。半年後，我又一不小心在洗衣服的時候害他毛衣縮水，還剛好是我最不喜歡看他穿的那件。我看著那件縮到超小的毛衣，以及他的憤怒表情，我整個人大笑到肚子痛，我還以為自己內臟大概都笑到爆炸了。這裡我想強調的是，發生了浴缸大淹水事件和毛衣縮水事件之後，我漸漸對現在的先生，也就是當時的男友，不再畢恭畢敬了。

有人常說，感情是有蜜月期的，原本以為會永遠幸福快樂下去的日子，不知怎麼就畫上休止符了，那時的感受有多難過。沒錯，當有那麼一天，你看到男友裸體不再感到胸口小鹿亂撞的時候，也是蠻喪氣的，感情走到這個階段，你很可能就不用特地一早起床刷牙，好讓床伴一睜眼以為你一醒來就是滿口薄荷清香。很多事情都會改變，不過，也是到了這種階段，理想的話，你也不再害怕粗魯對待自己的另一半了。

如果有一個人，你就是無法對他直話直說、粗魯以待，那麼你是不可能和這個人共度一輩子的。感情的關鍵在於，如何讓直來直往的這份粗魯力道，成為感情增溫的媒介。我和當時還是男友的老公快結束感情蜜月期之際，我們兩人舉行了一場「打開天窗說亮話，沒關係我不會生氣」的談心大會，藉此機會把對彼此的不舒服感受一吐為快，讓感情更向前邁進。我率先開口坦承：「其實我沒有參加經濟學的高等考試，」我曾在交往早期對他說了這個謊。也向他坦白：「我也不喜歡抱抱睡覺，」因為我這半年不斷落枕，脊椎又痛，我決定實際一點，把睡眠品質擺前面，裝可愛放在後面的順位了。接著我又斗膽告訴他：「你喜歡的那家酒吧，在滑鐵盧的那家，是我人生中去過最爛的一家。」

這些話都是我心平氣和地說出來的，當然我也說了許多我很喜歡他的地方。接著，我說：「換你說了。」他有點猶豫，覺得這可能是某種陷阱，但最後他告訴我：「你泡的茶有夠難喝（這是事實），我不喜歡每天都聽泰勒絲的歌（這點我們還沒取得共識），還有，有的時候你拿我開玩笑，那種笑話其實很傷我。」

粗魯力——亦即直白說出感受——就是彼此坦誠，是我和老公婚姻的基石，儘管我們的婚姻距離完美還有好長一段路要走，但粗魯而直白的溝通方式，絕對使我倆的感情更升溫。

結婚以來，我們每隔幾個月就會舉辦一次「打開天窗說亮話，沒關係我不會生氣」。我們會等到彼此心情都很好、感受到對方的愛的時候來舉辦，吐完苦水之後一起去吃頓晚餐、喝瓶紅酒、聊聊哪些方法管用、哪些不管用、哪些是我們想改變的，以及我們都還想再做些什麼。這種有話直說的互動，對我老公來說一直都不容易，因為他在生活中總是扮演壓抑自己的那個角色，但他也告訴我，我們兩人能走得長久的一大關鍵，就是以不怕對方生氣的方式來對彼此坦誠。

如何對親家實踐正向的粗魯力

唯一比你家人還難相處的莫過於親家了。我蠻幸運的，儘管我時常上電視節目當名嘴大聊性生活，我的公公婆婆還是非常包容我。老實說，我第一次見到他們的時候，簡直原地嚇壞。第一次前去他們家之前，我盡一切所能壓抑自己的性格，急於在他們面前展現完美的一面，努力表現得謙恭有禮，聊天過程中迴避所有政治話題和社會議題，以免惹他們不開心。我真的是很專心表現出好形象，甚至沒有注意到我把內衣留在男友的床底下。我們往往很怕說出自己的真心話，怕他人覺得我們太粗魯，於是努力要把事情做「對」，但有時結果卻反而錯得一塌糊塗。

何其有幸，我的公婆很包容我，但不是人人都像我一樣。若你的公婆恰好很難搞，而且你一直壓抑自己不冒犯兩老，那麼一忍再忍的結果就是會一觸即發。二十八歲的妲拉最近和奧立佛交往滿六個月，奧立佛帶妲拉回他倫敦附近地區的爸媽家，他家是一棟蠻大的豪宅。妲拉向我說：「聊天過程都很順利，直到他媽媽問我目前用什麼方法避孕。伯母在問我這個問題時，擺出一副一定要聽到答案的臉，那時我笑笑帶過了，但她似乎在想：我是不是等於承認自己想對她兒子使出『奉子成婚』之術。」

姐拉接著說：「晚餐後，我們正在喝咖啡和利口酒的時候，男友媽拿了一包古柯鹼，倒出來請大家一人吸一條。我基於禮貌吸了一條，就好像是又被逼吃了第二盤的千層麵一樣。」

沒錯，姐拉的經歷可能算是偏極端的個案，大多數的未來婆婆並不會提供一級毒品來取代好吃的提拉米蘇作為飯後甜點，比較常見的是測試你的界線，和各種有的沒有的「我們比你好喔」這種成就比較。想要讓你日子不好過的公婆明白，你很怕冒犯他們，況且在你人生中你最不想行使粗魯力的時候，就是和公婆在一起的時候。但就是因為這個緣故，你在這種場合更需要直接丟出粗魯力。

同樣是廿八歲的蘿絲，和男友麥特交往了七年。她告訴我：「每到逢年過節，我都和男友父母一起出去玩，因為他是獨生子，和父母關係緊密，我在相處過程中就知道了，麥特這輩子逢年過節必定會和父母一起過。所以要不就是我們兩人一起出席，要不就是他自己一個人去。照理說聽起來沒什麼問題，但他爸爸很喜歡故意整我，我從事跟酒有關的工作，所以我們每次喝酒的時候男友爸總會把標籤遮起來，叫我猜那瓶酒是用哪種葡萄釀的。假如我猜錯，他就一副樂不可支的樣子。」

「還有，他和我說話的口氣，一副把我當作孤兒似的。例如『我知道我們租的別墅很大，但別擔心，沒那麼貴，所以你不用出錢。』就算我掏錢想要分攤，他們也不收。我男友對這種事睜一隻眼閉一隻眼，他說那只是他爸愛玩，所以我點了點頭，笑了笑，想著總有一天，我要把他爸送進廉價養老院裡。」

蘿絲的處境有點艱難，她不想因為男友爸爸的緣故，而選擇和交往快十年的男友分手，但她又沒有足夠的信心在男友爸對她話唬爛的時候嗆回去。其實在這種情況下，她最佳（也是最直白、最粗魯）的選擇就是和男友爸直接直球對決：「您人真好，慷慨出資讓我們度假住別墅，雖然我和麥特沒有好好表達清楚，我們其實很樂意買單。」又或者如果覺得問題實在太過大條，不妨誠實和麥特說：「你爸講話的口氣很高傲，讓我不舒服，所以我決定暫時不參加你們家的度假。當然，你還是可以照舊和你爸媽一起去。」

身而為人，我們喜歡且尊敬強者，示弱並不是一種吸引人的特質，所以，當你拒絕男友媽給你的另一杯超烈琴通寧酒，此時的你並不是真的很沒禮貌（負面的粗魯），你反而是在告訴她，你的身體狀況你自己最清楚。若你公婆忘記你吃素，所以煎出一堆香腸請你吃，你為了不冒犯兩老只好暫時放棄自己的素食主張，可是這麼做並不會讓他們更喜歡你。

有句名言說：「你的問題並不在公婆，而是在老公身上。」假如你的另一半願意看著他爸媽對你很沒禮貌，那他才是問題，不是你公婆。我非常贊同的是，在面對難搞公婆的時候，要確保你和你老公同一陣線。假若你在公婆家吃完晚餐後，走回他小時候的房間，然後他開始和你吵說你剛剛不該和他媽媽爭辯，或是不該拒絕他爸爸要你吃的第二盤馬鈴薯泥，這時候，你就快~逃~啊！在需要選邊站的時候，如果某人會自動站在他爸媽陣線，而沒有出來挺你的話，這種人千萬別和他往來，這樣會毀了你。

在多代同堂大家庭中如何實踐正向的粗魯力

每年，樹葉褪為金色、空氣轉冷的秋季，世界各地的人們都會整裝待發，準備回到老家迎接整個大家族三姑六婆的輪番進攻，希望從一大堆讓人覺得冒犯、又不恰當、且令人沮喪的各種提問當中生存下來。感恩節或聖誕節的餐桌，可能是世上絕無僅有的地方，你可以看到一個吃素的女同志，隔壁坐的親戚是極右、超級保守派政治人物的鐵粉，也是出生於嬰兒潮時代的老人。照理來說，每個人把政治立場擺一旁，齊聚一堂慶祝佳節，這應該是件好事，但實務上這似乎只會把每個人最糟的一面全部攤出來。

實踐正向的粗魯力，並不意味著每當有人討架吵的時候，你就要拔劍而起全面迎戰。相反地，粗魯力的運用時機恰好相反。發揮正向粗魯力的真諦是「不要被人牽著鼻子走」，除非你覺得有必要做出讓步。在餐桌上，若有個親戚試著要挑起移民議題、女性主義或任何爭論話題的時候，你可以施展的最恰當正向粗魯力就是——拒絕落入他的圈套，回之以微笑說：「親愛的賽門叔叔，我覺得這些話題不適合在和樂融融的節日餐桌上聊，要不要再來點豌豆？」

若你試著教育身旁的人，讓他們知道為何他們的垃圾觀點都是垃圾，這種行為其實非常高尚，可是若他們壓根不想聽你的話，那麼就算你講到嘴爛還是改變不了他人的想法。如果你知道對方無法用開放的態度和你對話，則挑起辯論只會讓你心很累，還可能造成其他家庭成員煽風點火說：「哇！你看看他們吵起來了呢！」或是「你們兩個半斤八兩，好不到哪裡去啦！」假使家族晚宴上有人願意聽你說，那就大膽提出一些關於移民或女性生育權的事實證據，但在拋出球前，先妥善評估一下是否值得耗費你這麼多心力在這樣的對話上。

如何對母親實施正向的粗魯力

從我的角度看我媽，大致上她算是個很棒的媽。當然她會犯錯，有些時候我們會吵架互吼，更多時候我覺得她是我這輩子的天敵，但現在，即將步入三十歲的我，覺得媽媽是我的一位好閨蜜。

從我媽自己的角度來看，她覺得在我小時候她沒有善盡媽媽的職責。我們家孩子還小的時候，她還在外面上班，所以得請托育，對此她一直感到愧疚，因為她不願意錯過孩子成長的每個時刻。而我，最崇拜媽媽的地方是她的工作、社交生活，以及有小孩後的充實生活，而這些卻是她覺得自己做得很差勁的地方。雖然我認為我媽是最典型的正向粗魯力家長代表人物，但我敢肯定，她自己會覺得她常把事情搞砸。

我自己沒有小孩，所以我可能不適合提供教養子女的建議，但我作為別人的小孩，所觀察到的是，儘管你已經把小孩教養得夠好了，你還是會覺得自己全部都弄得一團糟。你心裡或許清楚，按理講把孩子交給保母或日間托育照顧並沒錯，但只要聽到寶寶哭，就會讓你感覺應該自己來照顧孩子才對。或許你也知道，你需要花時間獨處或和朋友外出，這樣才能維持你的身心健康，可是每當你外出玩樂的時候，卻又偷偷溜進夜店廁所，看手機相簿中自己小寶寶的照片，感覺自己不是個好媽媽。

為人母以後，你突然要為自己、也要為孩子爭取權益，世界似乎暫時與你為敵，到處都設有藩籬（物理上的，或情感上的）。也許是因為沒有電梯，你得扛著嬰兒車爬樓梯；也許是有一堆不相關的人拼命討論你為什麼選擇餵母乳（或是為什麼選擇配方奶）以及你孩子的睡覺時間是否正常。在這種情況下你有兩個選擇，要不就淹沒在罪惡感中，要不就是直接講出你的感覺，發揮正向粗魯力。我很驚訝又開心地發現，我為了寫此書而訪問的媽媽們告訴我，她們為母則強，成為媽媽後變得更勇敢也更有自信，雖然這種感覺來自她們想為孩子爭取權益，而不是替自己伸張正義的時候。

我們不敢對人有話直說，發揮正向粗魯力，這份恐懼可能源自我們父母的教導，但我們能夠選擇，是否要把同樣的恐懼傳承給子女。

最近我最常聽到有小孩的人討論的內容是：若孩子不願意擁抱或親吻其他家人或友人的話，他們不會強逼孩子一定要做。有兩個女兒的蘇菲說：「小時候參加完派對，準備說再見的時候，爸媽總是逼我去親吻他們的朋友和朋友的家人。到今天，我會避開在離開派對前向人道別，因為我討厭和別人抱抱和親親。」

「我女兒還小的時候，我曾讀過一篇文章，內容提到，如果小孩不願意，那爸媽不該強逼孩子去親或抱任何人，以此來教導孩子身體自主權。這也是個很簡單的方法，在孩子還小，就教會他們什麼是『知情且同意』。讀到這段，我覺得非常有共鳴，但同時也覺得生氣，因為我對自己的童年感到失望。我父母總把其他大人的感受順位擺在我之前，爸媽教導我，不該因為沒那麼喜歡對方，就迴避和他或她有肢體接觸，這樣很沒禮貌。儘管我知道爸媽是無意的，但在我人生中大多時候都對這種教導深信不移。」

在訪談過程中，有多位女性受訪人表示，因著自己的孩子而發揮粗魯力，比為自己來得輕鬆簡單。這種情況很好理解：為了保護孩子而把自己心裡根深蒂固的各種規則擱在一邊，這比起為了照顧自己而勇敢放下既有規則，要來得更容易做到。

在其他的情況下，光是身為人母這個事實，就賦予女性更多權力來行使正向的粗魯力，不需要任何理由。三十五歲的蓋比瑞兒育有一女，她告訴我的故事恰恰證明了為人母可以帶來的改變。「我女兒幾個月大的時候，我和她一起坐在咖啡廳，女兒前一晚幾乎沒什麼睡，現在躺在嬰兒車裡終於熟睡，沒有哭鬧，所以我滑個手機，看看其他人週末都做些什麼，嫉妒上夜店玩的人，不需要在內衣罩杯裡墊層吸母奶用的毛巾。結果鄰桌的婦女告訴她老公：『你看看，現在的媽媽們都只在滑手機，真可悲呀。』就在這時我理智線徹底繃斷裂。」

「我平常不喜歡爭辯，我討厭吵架，但這件事我不能忍，因此，我打斷她的話，直接告訴她：『我老公有事不在家，我已經自己帶孩子四天了，四天以來我第一次有屬於自己的時光。我們家的事與你無關，不要隨意評論別人，好嗎？』她當場嚇到了，連忙向我道歉，然後就和她老公快步離開咖啡廳了。一時之間，我覺得自己大獲全勝，因為我以前總是在事情結束後四個小時才想到『我剛剛怎麼不那麼說』，我以前總是克制自己避免和人吵架。但這次，我勇敢回嗆一個陌生人，因為她在羞辱當媽的我。」

聽完蓋比瑞兒的故事後，我最想知道的是，在她對那位婦人澄清後，她有什麼感覺。有沒有後悔自己情緒管控失敗而大發脾氣？她沒有後悔。她回答：「我的確不該對人大吼大叫，應該冷靜一點回應那位婦女，也能表達出同樣的意思。但我很開心自己有好好的直接說出來，而且老實講，如果要在『脾氣暴走』或『忍氣吞聲』之間做選擇，我很高興最後我有一吐為快，那位婦女該要知道，不該取笑當爸媽的，讓我們心情不好。」

雖然對於本書想體現的正向粗魯力而言，蓋比瑞兒的做法或許較為激進，但那種「希望當時可以說出口卻沒說」的感覺，對身心的確有害。有時候，你可以直接回應，甚至是帶著力道反擊。

當然，就算我們培養孩子發揮正向粗魯力，他們也不一定會長成能行使正向粗魯力的大人。我爸媽在我成長過程中雖然不斷發揮正向粗魯力，但我日後還是有次答應人家要玩3P，只因沒有拒絕的勇氣。所以，就算家長是正向粗魯力的良好示範，還是也有可能養出很難開口說「不」的孩子，更多故事就期待下回分解啦！

如何使用正向粗魯力：家人篇

◆你對家人並沒虧欠，所以他們不能無限上綱，對你想說就說、想做就做，只因你和他們有血緣關係。任何令你感覺自己很糟糕，或令你覺得自己人生很糟透的人，被你使用正向粗魯力打回去，那也是剛剛好而已。

◆有些人和自家人不親，沒什麼大不了。若你和兄弟姐妹處不來，和媽媽之間也不親密，這並不意味著你就是人生失敗組。有時候，只要是談得來的人，就可以算是你的家人。

◆其他人的家庭不是你想搞定就能搞定的——所以就算和親家處不來，也不用太往心上去。

◆可是，只要你的言行舉止尚稱合理，那麼你的另一半就應該站在你這邊，或至少試著主動在你和他家人發生摩擦的時候，能出來緩頰。俗話說的好：「親家問題不存在，問題出在你和你的另一半。」

◆兩人共築家庭（不管有沒有孩子）是件蠻挑戰的事，但建立自己的家確實給你機會去評估自己童年時期哪些部分不盡理想，思考自己該如何和過去的自己和解。

◆我們很容易對自己的童年採取非黑即白的態度：要不就很開心，要不就很不開心。可是，實際上，童年更像是兩者的混合，開心和不開心的事都有。若想要和爸媽聊聊小時候自己不開心的事，這並不表示你這人不知感激；與其讓哀傷痛苦的回憶繼續在內心發炎潰爛，不如抬頭挺胸面對這些往事，這樣還能讓你有更健康的成年人際關係。

典範人物：薩克斯公爵夫人梅根，哈利王子的明星老婆

梅根．馬克爾（Meghan Markle）於一九八一年生於加州洛杉磯。三十多年後，她遇到了一位王子，兩人墜入愛河，然後全世界都瘋了。

針對她的各種損人稱號，來得又快又臭又長：難搞的公爵夫人、自私自利的女人、愛亂幻想的公主……有時難聽的稱號甚至是來他們自己家裡的人。只因為她不想抹煞掉自己的全部人格和價值觀（她很驕傲自己是女權主義）。梅根一次次遭到媒體圍剿，如果她打了個噴嚏，就說她傳播病菌給無辜人民；要是她用張衛生紙，那就是不在乎大規模濫墾濫伐。好啦！我是形容得有點誇張，但我也只是比實際惡評再誇張一點點而已。

梅根和你我大抵相同：她本性善良，不是先天自帶粗魯。她剛踏入英國王室

生活時，各種可以讓英國大眾和王室成員喜愛她的事，她幾乎都做了。還記得她在大婚幾天後，穿著世上最可怕的「微透膚」緊身洋裝參加家庭聚會嗎？還記得她陪丈夫的奶奶，也就是前英國女王伊莉沙白二世坐了整整一天的火車嗎？還有日復一日對著孩子們微笑嗎？然後，梅根覺得自己已經受夠了（是我的話我會這麼覺得，相信你也一樣）。她明白，投以微笑、禮貌揮手、甜美可人等等，並不能讓她得到她想要的（而她想要的，也不過就是嫁給她心愛的男人、協助打理王室事務，這麼生活下去）。於是，她選擇有話直說，發揮正向的粗魯力。

梅根先從小事著手，嗯，例如出任英國《Vogue》雜誌九月號的客座編輯這麼小的事。儘管其他的王室成員也曾擔任媒體客座編輯，例如國王查爾斯三世以前還是查爾斯王子的時候曾任《Country Life》雜誌客座編輯，凱特王妃則與《哈芬登郵報》（譯按，the Huffington Post，現已改名為 Huffpost）合作，但梅根依舊受到批評，說她打破了「不沾政治」的王室規定——因為她把格蕾塔・童貝里（Greta Thunberg）和珍・芳達（Jane Fonda）等有政治色彩的影響力人物放上了雜誌封面。

之後，哈利與梅根這對王室夫妻開始按照自己的需求來做決定——脫離英國王室、成立自己的基金會、不給兒子王室頭銜。可想而知，媒體為此掀起軒然大波，在媒體官網上懲罰他們，把他們重新裝潢的細節冠之以「納稅人的錢」，彷彿其他整個英國王室不是英國納稅人付錢似的。而哈利和梅根搭乘私人噴射機，也導致梅根合作的《Vogue》雜誌跟著一起挨轟。這對夫妻選擇保護兒子的隱私不讓媒體報導，導致媒體意見連連，像是「沒有王室寶寶照片可用」，還有惡意攻擊梅根產後身材走鐘等。

許多女性面對如此處境可能會變成縮頭烏龜；被媒體追著罵，被媒體要求閉嘴之後，有些女性就會放棄使用正向的粗魯力。但梅根可不是省油的燈，她和哈利踏出史無前例的一步，聯絡律師（不是長期和王室合作的律師），對外表示要控告《星期日郵報》在未經同意之下公開轉載梅根寫給其父的信。

不過，梅根的抗爭故事並未隨著這起訴訟就畫下句點。幾週後，哈利和梅根在電影製作人湯姆．布拉德比（Tom Bradby）陪同下，參加南非的媒體巡迴訪問，在拍攝紀錄片的過程中，布拉德比問了梅根成為英國王室一員後的心路歷程。梅根的回答相當坦率直接，選擇直白說出心底的話，至於顧慮他人感受則是其次。梅根的作法讓我拍手叫好，她對著鏡頭說：「謝謝你關心我過得好不好，不太有人會問我這樣的問題。」

社群媒體、新聞媒體還有整個英國都大肆砲轟梅根「不知感恩、被寵壞的王妃、自以為是」。一些評論家表示，一個如此有錢的女人怎麼可以說自己踏入王室後日子過得有多苦？雖然紀錄片以南非作為背景，但重點是，梅根打破了作為王室成員的頭號規則：她對自己的感受侃侃而談，沒有朗讀出任何經由專業人士撰寫的公關稿，而是直白道出心聲，此舉可說是既大膽又勇敢、粗魯力十足。

梅根是正向粗魯力的經典象徵。其實她本人禮貌十足，每天逢人就握手，對孩子微笑，與陌生人談著無聊的內容，梅根王妃的職責就是迷人擔當，但她依舊懂得發揮正向粗魯力。她在內心設有一條底線，如果有人跨越她設的那條線，梅根就會讓他們了解：不可以太超過。作為正向粗魯力代表，梅根完美展現出粗魯的女人並不就是沒有魅力或毫無禮貌，你還是可以看起來甜美可人、慷慨有禮，但尺度拿捏一切取決於你自己。

本章後記：在執筆當下，哈利和梅根已向王室提出他們有意退出王室的申請文件，這正是全力施展正向粗魯力最終大快人心的一擊。想當然，梅根一直是眾矢之的，遭人謾罵、羞辱，任何難聽的稱號都攤在陽光下，而這正是女性們按照自認合宜的方式行動後會遇到的事。但隨著這對王室夫妻移居加拿大後，有傳言說梅根要為迪士尼配音。加拿大生活還有她的家人陪伴左右，看來她的粗魯力運用得完全值得。

第三章
約會篇

先說一聲：我已經有好長一段時間沒約會了。二十二歲的時候，我遇見最後一任男友，也就是現在的老公。二十四歲訂婚，二十六歲成為人妻。在我向身邊的人宣告自己要成為人妻時，很多親朋好友問我，會不會覺得自己這麼早走入穩定關係，會錯過一些新奇有趣的事物。問一位剛訂婚的女生這種問題很怪，但這一點都不重要。我可以斬釘截鐵、毫不猶豫的大聲說：「完全不會！」我一點都不難過早早就死會，因為姐不想再談戀愛。以我的戀愛經驗（非常有限就是了），約會對我來說，簡直就像人間煉獄，有五年的時間，我在一次又一次的愛愛、男女關係，還有介於兩者之中的各經歷感到既混亂、痛苦又複雜。更糟的是，如同多數女性，我因不敢冒犯他人而內心加倍煎熬。

十幾歲還常跑夜店的時候，我的朋友們和我會圍成圈一起跳舞，男人會朝我們走來，抓住我們的屁股，開始在我們身後律動，亦即他們用胯部摩擦我們的屁股（或大腿，取決於我們的身高）。通常，這也意味有個陌生男子用他半勃起的雞雞在我們後空的背摩擦（當時是公元兩千年代初，低腰牛仔褲正夯），與其直接推開他，或請保全架走那個用雞雞摩擦我後背的男子，我和朋友們就只是繼續在舞池中移動，直到我們安全抵達舞池的另一端。

我們從來不把場面搞難看，因為，正如本書的主題，我們只是不想在人前顯得太粗魯，太直白。我們以為，是因為我們盛裝打扮在舞池裡跳舞，所以引來這些男人逮到機會想拐我們上床，而我們的責任就是溫柔拒絕他們。

到了現代社會，要找約會對象的人比較少上夜店了，更多的人使用交友軟體。重點是，就算時代、科技改變，對女性的期望並沒有變，那就是：要能在情場裡穿梭，就必須拿出有禮貌的態度。

粗魯而有禮

讀大學時，我曾跟一位來自中東、薪水很高又貼心的男生約會，他為了逃稅，所以每年只能在英國待上九十天。於是為了要約會，我們必須在許多不同的歐洲國家碰面，我當時被愛沖昏頭，一開始非常喜歡周遊列國的安排，身為一個吃土大學生，一切都讓我興奮無比。起初都很順利：我們一起暢遊巴黎和南法，度過開心的一週，我簡直不敢相信自己有多幸運。但經過數個月後，開學回到英國，光是大學生活就讓我忙爆，我了解到周遊列國的戀愛模式實在吃不消。

我那時應該直接告訴他：「跟你在一起的每分每秒都很棒，不過，我們沒辦法繼續走下去了。」可是，我從小到大都在避免冒犯其他人（有些人明明對我很刻薄），我更不知道該如何向那些對我很好的人，直接說出我心裡的感受。那時，已經接近約定好要去義大利見他的日子，隨著起飛的日期進入倒數，我一天比一天還要心焦。起飛前一天，我得了流感，牙齦上還長了囊腫，連吃飯都沒辦法，但我還是打包好行李，隔天飛去義大利，拼命裝出勇敢的樣子。

抵達義大利後，我基本上已經快昏倒了，當天整個下午都待在豪華飯店的床上看《哈利波特》電影。就算去了高檔餐廳，我還是什麼都吃不下，連一杯雞尾酒都喝不完。對他來說，我是個糟糕的女伴，除了慘還是慘。如果我選擇待在英國的家，好好躺在床上養病，反而彼此都能更開開心心，但是他實在太善良大方，而我又太過害怕成了個不知感激的人，所以最後就為雙方帶來一個糟糕的週末。

星期日早餐時間，我們經過一場平靜且無奈的交談後，協議分手。談完後我直接搭公車到機場，免得繼續賴在他的飯店房間造成他不便，結果比飛機起飛的時間提早了六個小時到機場。我只好帶著感冒的不適，睡在機場地板上。那次倘若我夠有自信，一開始就拒飛到義大利和他度假，就能替自己省下不少時間和麻煩，也替他省下一些時間和麻煩。為了不想當個沒禮貌的人，我變成最糟糕的自己。

如同上述的個人經歷，我們往往不想傷害他人，又擔心自己言行會不會太直白、太粗魯，可是在這樣的情況下，我們沒有適當發揮出正向粗魯力，只能讓我們躲掉一些令人感到不舒服的對話。雖然「不要傷害他人」的念頭既高尚又美好，最後可能反而讓每位當事人都更加受傷，而且假使你害怕對他人太直白會傷了他們的感情，那也就不可能和他們建立一段有意義的情誼。

要是我跟你說，某人很擔心自己的言行會不會太粗魯，你可能會自動認定這種性格的人都是好好小姐。事實上，不發揮正向的粗魯力，並不會讓你自動與好好小姐畫上等號；不行使粗魯力，只代表你討厭衝突，最後會導致你變成膽小鬼而已。有時我們想要得人愛、得人疼的心，使得我們沒有做出對的事。

那種想要得到愛的感覺，在你約會的時候更為強烈。在感情萌芽之際，你面臨巨大的壓力，想展現出自己最最最好的一面。一般來說，這意味著男性和女性都不斷提升自己去符合傳統上對性別期待的價值觀——男性舉止勇敢、大膽、外向；女性甜美可人、善良、附和對方，可想而知就是正向粗魯力的相反。

各種交友軟體如 Tinder、Bumble、Hinge 等

在我遇見現在的丈夫，決定人生從此安定下來的時候，Tinder 還是一個新的潮流，當時大家認為，如果在 Tinder 上註冊，代表你已經慘跌到必須在性愛網站上才找得到男友。幾年過去了，至少在我這個年齡層來看，交友網站還是脫離不了這個定位，但在很多方面來說，交友網站的存在簡直就是奇蹟，交友軟體讓用戶更容易認識社交圈外的人，減少會讓生活變得很尷尬的辦公室戀情，交友軟體也提供特定、小眾興趣的人找到知己。可是，

大家也都承認，躲在螢幕後的你來我往改變了一切，交友軟體模糊了人們可接受行為的界線。

現實生活中的男性，很少會大辣辣暴露身體給女性看，但不請自來的屌照在現代約會場面並非罕見。線上交友也帶來了一連串各種的骯髒舉止，包含但不限於：釣魚交友（catfishing）、搞失蹤（ghosting）、搞失蹤後回來裝沒事（zombieing, submarining）、講些曖昧撩妹的話（bread-crumbing）、純網友不見面（benching），上述網路交友用語都是來自於我們沒有勇敢發揮正向的粗魯力。

舉個簡單好懂的例子：我有次和一位有慢性氣喘的男生約見面，他不愛罵髒話，而且反對政府補助藝文界。那時我是位有抱負的劇作家，菸抽很凶，最喜歡講一個簡短有力、類似「看！」的字。在我們在一個半小時尬聊喝完一杯酒，結帳離開之後，我們不可能再見面了。在我看來，他最值得誇獎的地方是，後來他私訊我說，他覺得我們倆不來電，但他很喜歡我挑的那家酒吧。很好，結束。那次我並沒有緊張到巴不得希望對方會傳給我訊息再約下次，但假如我真的很在乎對方後續行動，那麼我讀完他的訊息後，或許會難過一下下，但就會繼續過我的生活。

另一次我和打工認識的魯伯特約出去喝酒，我對他完全大暈船，他做的每件事，我都會冒出粉紅泡泡，我們一起喝了酒，我對他的一言一語都在意到爆，不料之後我們就陷入一直互傳訊息的輪迴。他會說：「我們該見面囉！」但食言而肥，一次又一次取消碰面，最後他對我傳的訊息愛回不回，幾乎是對我搞失蹤。在那段期間，無論我碰到哪個潛在的交往對象，我都很快就出動「洗澡牌」拒絕他，因為只要魯伯特改變心意，發現我才是他的白雪公主，那我們就會墜入愛河、步向紅毯。

或許魯伯特只是想要委婉溫柔地拒絕我，但他的實際行為其實是錯誤的粗魯方式。真正善意的直白或粗魯，應該是言行直接而有技巧，錯誤的粗魯則是只為自己好而自私。雖然我不是在交友軟體上認識魯伯特，但根據我的調查（問我身旁的朋友和為了寫本書而受訪的女性們）顯示，在交友軟體百花齊放的這段時間，引人誤會的反效粗魯力的例子翻倍成長。

不好意思，我名花有主

我不知道你是什麼時候學會在酒吧、夜店裡對男人說「不好意思，我有男友了」，但應該很早就學會了吧。我記得剛滿十八歲的時候，站在西倫敦的酒吧還是夜店裡，等著自己買成年後合法的第一杯酒。有位比我年長、穿著西裝的男人和我聊起天來，我想走回姐妹淘身邊的時候，他也想跟我一起走過去。那時我並沒想到應該直接告訴他「你不是我的菜」或是「我只想和我的閨蜜在一起」。就像許多女性一樣，我很自動得打出萬無一失的安全牌：「我死會了。」

打這張死會牌的問題在於，你只想要使用「名花有主」讓其他人不要來打擾你。事實上，你根本就不欠任何人一個解釋。「名花有主」的台詞是專門讓對你感興趣的男人知道：假如她沒男友，我應該可以追她。這個方法是不著痕跡地拒絕他，讓他不傷心。當然你也可以辯稱說：「這是善意的謊言，沒人會受傷。」這樣你擺脫了對方，他也可以開心享受美好的夜晚——不過事情沒這麼簡單。沒經歷過被拒絕的人，並不知道怎麼面對被拒絕之後的難受，但這無形中助長了一股「我可以這樣做」的文化，反倒又造成更大的男性對女性騷擾問題。

不幸的是，由於我們創造了一個「讓男性不知如何面對被拒絕」的文化，所以有時身為女性的我們不得不選擇把安全擺在誠實之前。即使男人根本不尊重我們說「是」或「不」的權利，他們似乎還更尊重身為女性的我們，是其他男人的「財產」。

二〇一九年，十年十八歲的蓋比瑞兒．威爾許（Gabrielle Walsh）在一家曼徹斯特的夜店大門外拒絕一位男性，說她對他不感興趣，結果遭該名男性直接往臉上揍一拳，力道之大使她當場失去意識。蓋比瑞兒只是實話實說，沒有顧慮該名男性的感受於是說出善意的謊言，結果得到的回應就是，一位陌生男子朝她的臉揍一大拳。

蓋比瑞兒．威爾許並不是特例。Instagram 自媒體經營者畢昂卡．戴維茵斯（Bianca Devins）慘遭一位她拒絕交往的男子殺害。另一則慘案發生在二〇一四，伊里亞特．羅傑（Elliot Rodger）在加州大學附近進行大規模無差別槍殺，犯案原因是遭多位女性拒絕交往。羅傑寫了一份一百四十一頁的自白，表達他對那些不願意和他發生性行為的女性們有多憤怒。在自白書中，他宣稱行兇目標是「那些我想要得到卻一直無法到手的女生們」。最後他與警方駁火時自殺。女性因為拒絕一個男人而付出生命代價的例子，簡直不勝枚舉。

蓋比瑞兒．威爾許做了一件「對」的事——告訴那個男人她對他沒感覺，這是一種正向的粗魯力，平心而論，我會為她的所作所為歡呼。但有時做對的事，伴隨而來的卻是許多可怕的後果。

在一個完美理想的世界中，所有女性都應該勇敢說不，不需把拒絕他人這件事包裝得美美的。我們沒有理由覺得自己有義務給個交代，說「我死會了」、「我很累，談不了戀愛」、「我是女同志」或「我待會回去要去看我另一半，他控制慾很強」，作為不講實話的善意謊言。可是，有時我們得務實一些，偶爾必須為了「正確」的理由做出「不正確」的事，在左手無名指上戴枚假婚戒，晚上出去玩的時候，才能避免因為拒絕男性而讓他難堪，雖然這麼做是為了迎合他們的價值觀，但有時迎合對方價值觀是我們所能做最保護自己的事。希望有一天，我們能創造一種文化，不必再為了保護男性在感情中遭拒而得包裝言語的文化。

如果下一代的男性，被女性以「覺得沒被你吸引到」為理由拒絕時可以坦然接受，而不是要碰到「我有男友了」這種理由才心服口服，那麼我們的世界就能更好、更安全。最要不得的，就是教育孩子，當某個男生欺負女生、對她使壞、取笑她或是扯她頭髮的時候，「是因為他喜歡她啊」。

二〇一五年，一位名叫瑪莉特．史密斯（Merritt Smith）的媽媽在臉書上發布一張當時四歲的女兒照片，她女兒在學校被另一個孩子暴打一頓，縫了好多針。她在這張照片的文字敘述的第一句寫道：

「他應該是喜歡你吧。」

親愛的兒童醫院掛號人員啊，我相信你一定沒有仔細想想自己到底是在講什麼。我一聽到醫護人員對我女兒說這話，我就知道問題是從哪開始了。從這句話就可以了解，為何社會允許「他傷害你是因為想得到你的關注」這種觀念。我的四歲女兒說：「傷害對方並不是展現愛的方式。」

打人不是愛人的表現。

在那一刻，我和我女兒心很痛，來到醫院，擔心可能要注射些什麼藥或是縫個幾針，你作為那個可以幫助我們的人，但說出口的安慰話卻傳達這樣的訊息：打你的人可能喜歡你喔！不！我絕不認同這種話。我只接受：「傷害別人，不是我們展現愛的方式。」坐在掛號處的櫃台後方，代表在那個當下你是坐在有影響力的位置上，無論你到底知不知道。你以為你只是開個玩笑，想讓氣氛緩和。

我們應該要為社會傳遞給孩子的訊息，負起我們的責任。當我的四歲小孩在學校被男生打到要到醫院縫針的時候，不要告訴她：「他應該是喜歡你吧。」

假如男孩從小我們就教育他們，如果你喜歡某個女生，你就可以對她很壞，那麼男孩長大之後對女性施暴，這又有什麼大驚小怪的？我們確實應該把我們的兒子們教養得更好。

我聯絡瑪莉特，想跟她聊聊這篇貼文，她告訴我，自從她那篇臉書貼文爆紅後，那位醫院櫃台人員後來接受培訓，以免往後再講出類似的話。透過拒絕接受這些過時的言談，瑪莉特對社會帶來了貨真價值的改變。

危險四伏

正值二十二歲的我，和一個男人在倫敦一家高檔旅館內的酒吧約會。他是個充滿魅力的加拿大人，到倫敦出公差，他言談中暗示我的長相只是一般，但他還是為我的第二杯雞尾酒買單，繼續聊天，氣氛漸漸導向我應該要上樓進他的房間，所以，儘管我的第六感警鈴大響，但我還是跟他上樓。

上樓之後，我問他：「能不能讓我先用洗手間？」他回答：「不可以。」我很困惑，覺得眉頭一皺，事情並不單純，我於是又問：「那我可不可以下樓，去用樓下的洗手間？」他一臉沮喪失望的樣子，我嗅到案情並不尋常。

我告訴別人這個故事的時候，人們往往回我：「說不定他只是覺得浴室髒，所以給你看會尷尬。」我的每個直覺細胞都在尖叫，警告我眼前的這個男人很危險，所以，我就逃跑了。不誇張，我真的是像腳底抹油用跑的，跑到飯店大廳，一路下了好幾層樓的樓梯，直衝大廳，沿著河岸街拔腿狂奔。時至今日，我還是把它名列在人生其中一個做過最好的決定。

假設他是個貼心的男人，只因為浴室很髒不敢讓我使用，那麼當天我發揮了正向的粗魯力不告而別，他應該會覺得受到冒犯、受傷。但在那個當下，我不必去思考這個可能性，我覺得苗頭不對，在一瞬間做好了選擇。我自己舒不舒服、安不安全，比他的感受還來得重要，因此我跑了，也覺得自己做了個正確的決定。事件經過快五年了，提筆寫下這則往事時，我最感到震驚的是，我當時居然願意冒人身安全的險，只是因為我不想讓一個陌生人認為我很沒禮貌，很粗魯，他為了我買了兩杯雞尾酒的單，最後我竟然還落跑。

如何使用正向粗魯力：約會篇

◆你不用照顧他人的感受。當然，也沒必要為了故意中傷別人而說難聽話。可是，假如你對一位陌生人說謊，那還真該問問自己：這麼做，究竟是為何？

◆只因為對方是透過手機應用程式對你不好，而不是當面欺負你，並不代表你就應該睜一隻眼，閉一隻眼。對方傳幾張屌照可能純粹是為了開玩笑尋開心，但露鳥也是一種網路性騷擾，而且，現在也有很多聲浪要讓網路暴露狂受到法律制裁。如果有人一直傳私密照給你，那你各位完全有權打110！

◆有時你和別人約會個幾次後，怕誠實說出「我對你沒感覺」而傷他的心，於是就說服自己：「是為了不讓他玻璃心碎滿地啦！」可是，說穿了，你只是為了逃避有話直說的那種尷尬感而已。遇到這種場合，殘忍說出無情實話反而才不會浪費他的青春。

◆因為不想當壞人，所以你往往會搞人間蒸發。這樣不只蠻卑鄙的，還很母湯！

乾脆直接和對方說：「我對你，真的沒感覺。」也比一直惦惦來得好。同樣都是無禮，直球對決為正解，搞人間蒸發一點都不對。

◆沒有人值得你愛到將注意力完全放在他身上。在這方面，你沒對任何人有所虧欠。

◆上述每條規則的共同例外條件為「生命安全考量」。若在互動過程讓你感覺到「ㄉㄟㄉㄟㄉㄟ」紅色警鈴大作，一定要用盡一切方法來保護自己。絕大多數男人都不會對你的人身構成威脅，但女人感到恐懼的那種直覺也不是毫無根據，到頭來，約個會不值得你賭上性命。

典範人物：奇女子成為英國王后

——安妮・博林

安妮・博林大約出生於一五〇一年，實際的出生年份仍是個謎，卒於一五三六年。她被控通姦、亂倫罪，以及密謀殺害國王的叛國罪而斬首，人們也控告她行巫術，雖然這點沒有列在正式罪狀中。或許你會覺得奇怪，為何選擇一個好幾個世紀以前（當時甚至連「約會」的概念都還沒有）的女子，當作正向粗魯力的指標，但是在安妮被身為國王的老公下令賜死之前，安妮和國王玩了場約會遊戲，過程中完完全全發揮正向粗魯力。

安妮在英國宮廷邂逅了亨利八世，當時他的妻子是第一位王后——亞拉岡的凱薩琳（Catherine of Aragon，她先前被許配給亨利八世的哥哥、威爾斯王亞瑟，亞瑟死後才又嫁給亨利八世）。在安妮出現以前，亨利八世到處拈花惹草，他那時和情婦伊莉莎白・布隆特（Elizabeth Blount）私通好一段時間，另一位情婦是安妮的姐姐瑪麗（瑪麗和亨利八世這段情的認真程度，取決於你採信哪位歷史學家的說法）。安妮和亨利八世的其他情婦大不相同。亨利八世為了和安妮成婚，得先和現任王后，也就是亞拉岡的凱薩琳離婚。為此他與天主教教會決裂，轉向新教（據說這是安妮研究了神學之後而鼓動的）。安妮強大的自尊心，意味著她努力爭取一切。

在那個時代，女人在走入婚姻前是動產，婚後則是生育工具，安妮拒絕在這兩者之間做選擇。歷史學家普遍認為，安妮之所以能夠戴上后冠，而不是一輩子都當國王的情婦，她使用的主要技巧就是：對一個從來沒有遭到身邊女性拒絕過的男人，不要把自己的身體獻給他，但暗示他可以得到她的身體。這種技巧，在實境節目《鑽石求千金》（The Bachelor）當中也有些女性使用（或多或少管用）。

安妮・博林已是好幾個世紀前的歷史人物，一般人對她的印象雜揉了史實與臆測，說她色誘國王。有歷史學者認為，安妮是個「無所不能」的女孩，很會和亨利八世大玩前戲；也有人認為，從小在法國宮廷長大的安妮，擁有不同於英國女子的一些性愛技巧。無論究竟有多少虛實，又有多少是安妮死後遭反對派揑造出來的，重點都不變：安妮有能力對一位生來從未遭到拒絕的男人說不，也因此讓她得到夢寐以求的后冠，還讓英國君主政權從當時世上最強大的教會體系分裂出來。正如網路上流傳的一句老話：「亨利八世為了能睡安妮．博林，不惜和羅馬決裂。」千真萬確到沒有人留言反對。

歷史往往忽視了安妮對政治有多敏銳，在大眾聚焦在她的各種色誘國王謠言時，我們也必須肯定事實：安妮足智多謀、工於心計，對朝廷政治非常了解。身為十六世紀的女子，安妮能做的並不多，但她善用自己的智慧和狡猾，上位名列世上最強大的女人，的確是個了不起的成就。

到了現在，女性再也不必為了想往上爬而利用性愛當工具，今日女性也不應該把性愛拿來當手段。性應該是愉悅、享受的事，而不是謀略的籌碼手段；性該是為了樂趣，而不是為了晉升。然而，談到現代約會，我們要和安妮學習的地方還有很多。安妮了解她自己的價值，她的標準極高，在達成目標前，決不妥協，也不怕拒絕別人。安妮才不會在半夜三點叫台 Uber 載她去別人家幫吹喇吧，吹完對方還倒頭就睡，在你眼裡看起來很噁，而且他還是你男友咧。雖然嚴格來說，你不是個十六世紀的英國貴族女子，但也不該做到這個地步。（除非你很喜歡，就另當別論，你想怎麼做就放膽去做吧！）

第四章

愛愛篇

時光拉回二〇一四年，我和我朋友安潔莉卡創辦線上性愛雜誌《床第之間》（About Fucking Time）。創辦宗旨很簡單：擁有好的愛愛是基本權利，而非特殊待遇。我們在二十出頭的時候，常和朋友聊她們平淡無奇的愛愛，所以得出結論：是該做出改變了，於是我們創辦了這個線上刊物（現已停刊）。我屢次聽到女性們說著自己不能達到高潮，認為自己享受不了愛愛，她們唯一喜歡愛愛的一點是：可以增加和伴侶間的親密度，又或是在自己不想愛愛的時候和伴侶愛愛，因為這是最簡單把伴侶打發走的方法。

如果要說有哪個地方是發揮直白的粗魯力最合理之處，那就是房間。雙方褪去各種社會期待，一絲不掛、撫摸彼此、發出各種聲音和表情、舔舐和嗅聞彼此身體。在這種場域，實在不該害怕有話直說，發揮正向粗魯力，因為愛愛就是兩人所能做最粗魯的事。不過，在愛愛時因為恐懼而不敢表達自我的情況還是不斷蔓延，而且女性還比男性嚴重。

儘管我現在公開提倡在愛愛過程中誠實表達自我，要求至少雙方都要帶給對方同等的快樂，但我知道為什麼女性在愛愛這件事上，傾向選擇姑息主張，因為我在成年後，多數時間也做出一樣的選擇。

十八歲時，我和一個五十多歲的男子交往四年，維持開放式關係，他是老司機，經驗豐富，雖然我們在戀愛關係中有些地方不太合，但在床上，他有求必應。可是，當時的我很緊張、很在乎自己，一直難達到高潮，A片讓我以為應該要在五分鐘之內就達到高潮，要是超過五分鐘，那就不對了。所以我和老司機第一次愛愛的時候，我就假裝高潮。一旦假裝了第一次，就會有第二次、第三次，也因此，我有足足六個月都在裝自己有達到高潮。偶爾，我真的有高潮，然後他就會計算花了多少時間。他不是批判，只是語帶好奇，想確認我沒事，他沒做出我不喜歡的舉動。當然，我可以說點什麼，但還有什麼比直白說出「我已經假裝高潮好多個月囉！」還要粗魯？難道要直接跟他說，他盡力使出全部招數，卻還沒有好到足以讓我達到高潮？

期望一個男人花二十分鐘把我弄到高潮，這種期待其實很不禮貌。每次快到高潮，我就開始擔心到底花了多久時間，然後整個愛愛過程就不太順，所以我沒和他實話實說。當時我沒想到的是，或許這男人根本不在意多花二十分鐘來幫我；我也沒想到，自己花了不只二十分鐘幫他吹還有打手槍，所以我也值得獲得同樣的時間和對待。假高潮感覺較有禮，於是我就決定假下去。

愛愛變成一種床上表演，我的高潮演技能以假亂真，表現出我很滿足，但又不至於演得太浮誇到讓對方懷疑。我還曾經在和閨蜜們開喝的時候，跟她們吹噓說：「姐根本是假高潮界的梅莉．史翠普」。

最後，隨著年紀漸長，膽子變大，在床上越來越不想要讓對方有求必應。我的假高潮演技逐漸從梅莉．史翠普退步成琳賽．蘿涵等級，而我男友到那時才識破，也才了解到底是怎麼一回事。有一天，我們在愛愛，我在上他在下，我當天在十級的假高潮分級表上，火力只開到三級而已。做完後他問我：「嗯，親愛的，你……真的有爽到嗎？」

我一開始把臉埋進枕頭，試著掩住我漲紅的臉。埋在枕頭裡的我，對他說：「沒有，都是裝的。」

「為什麼？」他繼續問我：「你為什麼要裝？之前也是裝的嗎？你有多常假裝高潮？」

所以，我就做了粗魯的事——直接跟他攤牌：和老司機愛愛的絕大多數高潮都是演的。我也解釋，會假高潮的原因是他得幫我弄很長時間才能讓我高潮，這樣讓我很愧疚。還有，我想讓自己看起來很會做（其實這反而帶給我有壓力）。這次對話痛苦到超級尷尬的，我不想再經歷一次。但是在和他攤牌後，愛愛越來越順，我不再當梅姨，過程中我很放鬆。最後，我了解到，和一個人愛愛的快樂並不是比誰先高潮。最諷刺的是，事實證明，一旦我停止擔心到底要多久才高潮，我就越快達到高潮。時間從二十分鐘縮到五分鐘，而現在，我和先生做，到達高潮的時間和我自己弄的時間幾乎一樣快。我也明白，就算在插入式的性愛當中沒有達到高潮，你也有權期待自己能有高潮。

我老公是唯一一個我睡過但不用假高潮的人，或許這就是預兆，不過我們彼此覺得美好的性愛，或多或少是因為我發揮有話直說的正向粗魯力而來的。

我們剛開始在一起的時候，我老公才剛結束一段長期戀情。我很快就發現，他對我使出的愛愛套路，是專屬上一個人，不適用於我。整個愛愛過程是根據他們兩個人設計的，也可能只對他們管用，其中有一部分我不喜歡，而且他把另一個人喜歡和不喜歡的用在我身上，也讓我心裡不舒服。

要是當時的我有足夠的智慧，我就會跟他說：「我不喜歡這種感覺。」或是「你可以再大力一點嗎？」但至少那時的我，嘗試一次次透過肢體動作暗示。我藉由把身體扭到一個方向來代表「很棒」，另一個方向代表「不喜歡」，也會透過發出一些特定聲音，告訴他我的敏感帶在哪。但是到最後，我明白這方法行不通，他不可能突然一點就通，尤其我們才剛上床幾個禮拜。所以我就對他丟直球。溝通過程很尷尬，也很難熬，我覺得自己好像是個不知感激的人。我告訴他，他用在我身上的絕招都沒用。對談過程中，我也運用經典的管理策略：先說好話，再說批評，後接誇獎。

發揮粗魯力並不代表行為可鄙。你完全有權直接說：「我喜歡你親我脖子，但用咬的不舒服。」直截了當說出來並沒有錯，講白一點，都已經看過彼此的菊花，也沒什麼好害臊的了。溝通原則的重點是，找到你適合發揮的粗魯力等級。如果你覺得要用三明治溝通法，先講好話，內餡是批評，再疊上一層好話，來說出一直避免脫口而出的粗魯話，那就這樣做吧。一次一小步，慢慢來。

告訴你的床伴，你的高潮很重要，直接點出你不喜歡他在床上做的哪些招，不要張開雙腿躺在那裡，讓某人猛戳你乾裂的荳荳或用手拉你的葡萄乾，只因為對方是個好人，或是你覺得沒什麼關係，反正只是「感覺來了就來一砲」的其中一部分。不，並不是這樣。除非你很期待接下來的享受過程，不然沒有理由要愛愛。

男女高潮差很大

二〇一七年，發表在《性行為檔案》（the Archives of Sexual Behavior）的一份研究指出，相較於其他組別的人，異性戀女生與伴侶做的時候，獲得的高潮次數較少。同性戀女子受訪時表示，她們每次或幾乎每次愛愛時都有高潮，而異性戀中的女生高潮率為百分之六十五。另一方面，男性的調查結果則是百分之九十五的男性在愛愛時每次又或是幾乎每次都高潮。

家庭計畫協會（Family Planning Association）同年也調查了女性高潮的情況，研究對象包含所有年齡層和性傾向的女性，結果還蠻令人沮喪的：

- 百分之八十以上的女性無法在愛愛時高潮

- 百分之七十二，亦即大多數女性表示，很難和性伴侶同時達到高潮
- 每七名女性就有一名在高潮時感到疼痛
- 約莫百分之三的女性從來都沒高潮過

根據英格蘭公共衛生署（Public Health England）的研究，有百分之四十二的女性對性生活不滿意。結果不是很妙嗎？你我之中，就有將近半數沒有體驗滿意的愛愛。

二〇一九年，當時我負責《紅秀》雜誌（Grazia）英國網頁版，在一次專題會議上，我問團隊中的女生，她們覺得有哪些最具爭議的觀點，從有趣的到古怪的應有盡有。其中一位名叫喬琪雅的寫手作家告訴我：「我覺得男女性愛根本就是騙人的。」現場一片大笑，但當她以這個為主題寫出一篇貼文的時候，我才明白她說的有多對。除非你想懷孕，不然真的沒有理由一定需要人肉棒棒，你可以不用人肉棒棒就能高潮，可以拿「姐夫」刺激就辦得到。當然，你還是可以和另一半享受一場彼此都覺得美好的愛愛，也不一定要場場高潮，反正多數女性並沒有從和男性愛愛達到高潮。事實是，每當我們提到「性」就想到「抽插」，正完美展現出「女性的歡愉」這個主題，其實在性愛話題裡面獲得的關注很低。雖

然我從未和團隊的女生聊「性生活心法」，我一直把喬琪雅的意見放在心上，也重新把性生活的重心放在怎麼和老公一起享受過程，而不是只想到抽插。

勇敢說不

關於性，有個非常古老、錯得離譜的觀念，那就是——男性比女性更愛炒飯，男生喜歡炒飯，女生提供炒飯服務。完全不是這麼一回事，好嗎？二〇一九年，IllicitEncounters.com網站公布了以兩千名受調者為對象的研究成果，發現有百分之四十三的女性表示，她們的性慾比床伴來得高，而做出同樣敘述的男性比例是百分之四十二。所以平均看來，男性和女性一樣飢渴，但過往數據顯示，女性在性事上的滿意度往往較男性低。

總而言之，無論在歷史、政治或宗教上，女性不愛炒飯的說法盤根錯雜、根深蒂固。所以我們可以這樣說，要製造「女性不愛或不想愛愛，而男性需要處心積慮、說服對方或是付錢來獲得生理滿足」這種迷思，實在太容易了。

人們告訴單身女生說，如果還沒結婚，就要守身、拒絕對方。可是很少人告訴女生說，在婚後不想炒飯，也可以拒絕丈夫。看到資料令我驚訝，英國直到一九九一年之前，婚姻內的「雙方非合意性行為」不算犯罪，女性不能拒絕丈夫愛愛，因為人們認為這是妻子應盡的義務。

二〇一八年，由終結對女性施暴聯盟（the End Violence Against Women Coalition）委託 YouGov 的調查結果同樣令人喪氣，研究對象為四千名男女，指出每四名英國人就有一人相信婚姻中的非合意性行為不構成強姦罪。就算你不贊同這百分之二十五的人的觀點，在一段戀愛關係中，拒絕和對方愛愛仍算是個原罪。與女性相關的笑話，像是「我頭痛」或在婚後就自動關閉炒飯開關，說明了一種更廣泛的文化期待，就是女性本身並沒有性慾，所以很有可能會故意不和伴侶愛愛。

拒絕對方愛愛，並不該在說出口後帶來情緒上或社會上的影響。你的另一半不該顯得受傷、沮喪、惱羞或怨恨你。誠然，如果你對炒飯的胃口突然大幅降低，另一半完全有權利問你怎麼了或和你討論，但就算如此，對性的看法也不該是義務，語氣應該是「我好想念跟你一起炒飯的感覺——有什麼不對味了嗎？我該做些什麼才能減少不對味的機會？」而不是「為什麼你不再跟我炒飯？」

部分的癥結點在於，我們都覺得別人比自己還更常炒飯。益卜索（Ipsos）市場研究機構曾針對「誤解」這件事進行調查（該研究的結果後來集結成書《知覺陷阱》The Perils of Perception），讓英、美兩國人士去猜他們國家裡面，年齡介於十八到二十九歲的人，在過去四個禮拜的炒飯次數。英美兩國猜出來的結果是，年輕男性在上個月做了十四次，可是對照實際數據，英國年輕男子上個月只做了五次，美國人只做了四次。

以為每個人都不斷在和別人上床的這種誤解，會導致「他說要，那我就做吧」的壓力。不過，問題是，假如你不想要的時候，又勉為其難答應對方來一砲，那這樣的性愛可能會變得平淡無趣，會讓你以後不再那麼想要愛愛，也有可能會讓你的床伴感覺你草草了事。反之，如果你不擔心發揮正向粗魯力，直接拒絕邀約，像是「親愛的，人家今天不想」；或是你總是等到你自己慾火焚身，才直接掏出伴侶的棒棒，那麼你的性生活就會有所改善。請停止衡量你的愛愛次數，轉而開始衡量自己的愛愛滿意度，和你是否樂在其中。

套套、中途拔套，還有法律

關於保險套的內容，我們會在後面的「健康篇」再大聊特聊。不需多說，多數男性抱怨戴套，而許多女性發現，套套是安全性行為更好、更實際的解方。

我到現在都不懂，到底為什麼要無套。好啦！可能無套感覺更爽，但你知道什麼事情會讓你感覺糟透嗎？想想：你不小心懷了一個孩子，孩子的爹有個菜市場名，打完一砲離開你住處前，他說不定還從你皮夾摸走一千塊；另一個可怕的事情是，你可能得花一整天的時間在婦產科診所苦等，只因為你很擔心自己是不是中了。不小心懷孕中獎，不小心得到性病，這都沒有對錯之別，但如果你可以避免悲劇發生，那你就應該努力避開。然而，就算使用套套背後的邏輯再站得住腳，男人依舊會不斷說服你無套。

在愛愛方面，我人生中首先試著發揮正向粗魯力的時候，就是我在大學時代。有次派對結束後，我躺在床上醉到不行，身旁躺著一個很帥、很驕傲但我蠻喜歡的男生，在我們開始炒飯之前，我拿了個套套給他。「不戴不行嗎？」他問，「我很乾淨，沒有問題。」

他甚至根本沒有擔心我有沒有得病，他怎知說不定我當時已經有某種陰道相關疾病？「一定要，」我堅持。

這盤飯炒得差強人意，沒什麼好寫的，但就在我們處於酒醉狀態互相摸來摸去的時候，我注意到他開始中途拔套。「哈囉先生，你在幹嘛？」我很震驚的問他。

他回：「隔層膜好煩！」我想都沒多想，直接從床頭櫃拿出另一個套套遞給他。他心不甘情不願戴上。接著又發生一次，我看見他嘗試想拔套，直到我停下來，雙眼盯著他說：「你知道我沒吃事前藥嗎？」他才沒有繼續在那邊給我搞怪。

我當初不該以「你想當我孩子的爸嗎？」來嚇唬他，逼他全程戴套，或許我當初應該告訴他，你要是拔套，那我們就會從合意性行為變成不安全也不合意的性行為。我可以直接說：「你跟我滾！」但我當時沒能做到，很大一部分原因是，能和這位型男睡，光開心都來不及了。更主要的原因是，我感覺自己一直在逼他戴好戴滿，使整個愛愛過程變得無趣，彷彿我這個人很煞風景，或者是我的錯，上床之前沒有吃好事前藥。所以我並沒有因為他不尊重我的底線就對他大吼大叫。甚至等到他高潮結束、聖人模式後倒頭就睡（不用我特別說，整個過程中我沒有高潮），我還把自己喬到不會影響到他睡覺的位置。

肛肛、顏射和綑綁

〈英國性幻想研究專案計畫〉（The British Sexual Fantasy Research Project）研究報告指出，百分之六十二的英國人在床上屬於迎合方的M，而非主控方的S。研究也發現，大約兩百二十萬的英國人承認他們有過暴力性幻想。在二〇一〇年，介於二十到三十九歲的女性，每五名就有一名有過從後庭來的經驗，百分之四十六的女性至少試過一次，相較於一九九二年的數據，只有百分之三十三。簡而言之，英國社會有越來越多追求性刺激的混蛋，但這絕對可以接受，只要雙方知情同意就好。

不幸的是，情況不總是如此。我和許多女生聊過，她們都是在約會後跟男生回家，想當然就是期待接下來會有親密行為。結果不如她們所料想，對方在沒有事前討論或協議下，就在過程中開始打她們的屁股，或是沒問過她們就想要肛肛，或是愛愛過程中出手打她們臉頰，又或是掐她們脖子（在還沒做足研究前，實在不該輕易嘗試）。

想要變態或粗暴一點的愛愛並不可恥，但男生啊！沒有事前協調，你就把一個女生帶回家，接著開始揍她，這樣做對嗎？你當然可以說：「如果不要，她大可拒絕啊！」但在雙方激烈交戰的時候，女生很難開口。在這個暴力色情片越來越多的時代，如果你比較喜歡男人進入你身體，而不是揪著你的頭髮顏射，你很容易覺得自己是個無聊的假正經。

每次有男人在愛愛時要我做我不想做的事，或我覺得會出現危險的招數，我知道我叫他們停，他們就會停。我往往在愛愛過程中會設個「安全關鍵字詞」，來達到停止過程的目的。但問題是，說出這個安全字詞需要很大的勇氣，或是直說「我不喜歡這招」。當男人在你面前展示他脆弱的一面的時候，你還拒絕他；當你不喜歡特定愛愛招式的時候，勇敢為自己發聲，有時感覺還蠻不解風情的。但就是上述原因，使得這麼多女生寧願選擇忍受在愛愛時，對方把手指戳進我們的嘴巴裡，或是寧願忍受痛到不行的肛肛。

假如你喜歡粗暴一點或有點怪怪的愛愛招式，那麼學會說出安全字詞極為必要，就算很難說出口也要說。有些人則偏好用行動來表示「停止」，像是動一下身體或是給個手勢，有時會比直接大聲說出來感覺還簡單一點。還有些人覺得，直接叫出對方的名字，比起講出特定語詞，相對容易些。

同樣的行為，當你樂在其中，就會覺得開心，但當你覺得受虐或是感到屈辱，你就不想要，也不會從中獲得樂趣。但我們往往選擇忍受屈辱，而沒有開口說「我們事前沒討論好要這樣玩，我覺得不太舒服，所以該停了」——因為要直說出來，好像有點難，就算我們臉朝下趴在床鋪上，整個後庭一覽無遺，我們依舊沒辦法直說，無法發揮正向的粗魯力。

要安全享受有點複雜粗暴的愛愛，其中一個關鍵就是要事前協商。所有粗暴性行為都應該事前討論、雙方知情同意。有些情侶還更認真，把危險粗暴的招數列成一張滿滿的Google 表單，請對方填寫「可」、「不可」，「或許可以」。列出合約協定的一幕，在電影《格雷的五十道陰影》出現過，表面上看起來很逗很好笑，但人們真的該這麼做。的確，填表單的時候，你可能覺得很蠢，但這也幫助你在激烈交戰的過程中避免發生意外。此外，讓別人知道你在床上想要對方怎麼對你壞壞，同時表明清楚哪些是你的禁忌行為，是件令人自由暢快的事。

拒絕好像不禮貌，只好任他戳又抱

#MeToo 運動展開後，關於性行為的灰色地帶話題也隨之而來，許多女性開始公開討論一項事實，那就是很多人的愛愛不是受到對方強迫、威脅，而是因為出自禮貌，而非出自本意。參與本書事前調查的所有女性中，百分之五十八的研究對象提到，她們曾有過基於禮貌才做的非出自本意的性行為，許多受訪者回答，有好多次都是如此，少部分受訪者表示，將近每次愛愛都是基於禮貌，不好拒絕。時光拉回二〇一七年，當時我寫了篇文章，標題是〈女生們，別再出於禮貌才愛愛了〉。這也是我職涯中最常接觸的其中一個議題，有上百位女生私訊我，跟我說我不是唯一一個基於禮貌，不好拒絕，才有非本意的性行為。

我基於禮貌才發生的終極愛愛經歷是這樣的：我快滿二十歲之前，有次和一對中年夫妻共進晚餐，但我和他們並沒到很熟，是透過一群朋友才認識的。這對夫妻人很好、很友善，認識之後那位太太邀我吃晚餐，我就答應了。兩週後，我坐在他們家廚房。

當晚的菜色是咖哩，還算可口，可是咖哩對我來說真的太辣了（我跟小寶寶一樣超怕辣），每吃一口就辣舌頭。可是，我不想表現得很沒禮貌，所以我啥都沒說，默默吃著超辣咖哩。或許他們冰箱裡有希臘優格可以緩解這個辣度，或許我當時其實可以單吃白飯就好。現場一定有些簡單的方法可以讓我不要一直忍受這個辣，也不會造成對方困擾，但我完全沒和他們反映，因為我不想當個粗魯的人。

吃完咖哩後，我們一起上樓，進行三人運動——也是因為我不想顯得沒禮貌，所以沒拒絕。我其實對那位太太沒什麼興趣，對那位先生也沒興趣，但因為他們都對我太好了，畢竟，他們還做晚餐給我吃啊！還有，我們在廚房說了些調情的話，所以也不是說他們都沒給我暗示。

總之，你可以說我很享受調情，或許我還有可能有點想試試看三人行，但我想要嘗試的對象絕對不是他們。於是就這樣，我躺在床上雙眼緊閉，一面想為什麼會變成這樣，然後專心想像一切都會結束的。我同時也心想，叫他們停下來鐵定很尷尬，而且都走到這步了，所以最好還是繼續下去。完事後，我堆出笑容跟他們說：「還蠻好玩的。」然後太太叫她丈夫陪我走去搭捷運，順便牽狗去遛，但很明顯他不想出門。於是我只好撒謊說，別麻煩了，我想叫台計程車回家。

這不是很好笑嗎？剛剛才跟我玩三人運動的男人居然不想在大冷天出門，所以在他妻子叫他陪我走去搭捷運的時候，他竟然直截了當回應：「我不想。」他甚至想都沒想、心裡毫不糾結，就直截了當脫口而出三個字：我、不、想。

三人行的那晚一點都不有趣，但也不至於到成為我傷痛的經驗，我也不常想起這個回憶，但那晚我真的沒樂在其中。假如我可以回到那時，我可能真的會坐上時光機回去，拒絕跟他們上床。我喜歡這樣想像：假如當時我已經有了多個十年左右的歷練，我可能會在到他們家之前就直接先跟他們說，我不太喜歡吃辛辣食物，我也不喜歡3P。

如何使用正向粗魯力：愛愛篇

◆要不要假高潮，是個人選擇，你不必因為用演的而覺得愧疚，同樣也不必因為選擇不演，而覺得罪惡。反之，你該選擇對自己最有利的一套做下去。

◆可是，在愛情長跑中，如果你不能在愛愛時享受，就必須和另一半好好聊聊。愛愛不該是你提供給別人的一項服務。

◆只有非常非常少數的女生真的沒辦法高潮。所以如果你一直沒辦法，你需要一段時間調整，或是需要改變招式，又或是不靠伴侶自己來。重點是，不要認定自己無法高潮，然後過著沒有高潮的性生活。

◆在你和某個人赤身露體相見的時候，你應該要夠自在到可以和對方說你在床上想要什麼、需要什麼。

◆愛愛並不代表一定要抽插才算數，你可以設定一些界線，表明對方該把哪個東西放在你身體哪裡，而這些界線可以每次都不同。

◆你從來、從來都沒有義務跟你不想上床的人上床。為了確保上述事情不會發生，你可以大肆使用粗魯力，直接拒絕。

◆作為需要承擔懷孕風險的一方，選擇哪種避孕方法，由你說了算。如果和你上床的人拒絕使用套套，那你應該拒絕和他滾床單。在全程戴套，還是乾脆不要做這兩個選項之間，他應該不難做出決定。

◆假如你做到一半突然回心轉意，你完全有權起身、穿好衣服，然後離開。沒有人的上床權還比你選擇跟誰上床、什麼時候上床來得重要。

典範人物：梅開五度的快樂谷女子——伊迪娜・薩克威爾

邁拉・伊迪娜・薩克威爾（Myra Idina Sackville）在一八九三年出生於英國薩塞克斯，一九五五年於肯亞逝世。她結婚又離婚五次，也因此得名「閃結閃離的女子」（the Bolter）。小說家南西・米特福德（Nancy Mitford）創作的幾本小說，都是以伊迪娜為原型，她的名字在英國社會裡是醜聞的同義詞。在那個時代，性事普遍認定是丈夫要求下，妻子就算不開心也要盡的義務，伊迪娜作為女人，卻渴望追求快樂、探索和冒險——以及強勁的愛愛需求。

和第一任丈夫離婚，並把兩個兒子交給丈夫撫養，光在現在就會被指指點點了，更別說時空背景是一九二〇年代。她後來搬到肯亞，嫁給查爾斯・高登上尉（Captain Charles Gordon）。然後又認識了小王，名叫喬斯・海伊（Joss

Hay），之後成為他第三任丈夫。伊迪娜大半日子都住在肯亞的快樂谷（the Happy Valley），那裡住著一群英國僑胞，大家享受著性愛、毒品還有幾乎不間斷的社交生活。在她興致最高的時候，會舉辦一場場派對，一絲不掛躺在綠瑪瑙浴缸裡，之後在客人面前穿衣。吃晚餐的時候，她會提議大家來玩交換房間鑰匙，可想而知，就是交換床伴的遊戲。

伊迪娜的傳記作家芙朗西斯．奧斯本（Frances Osborne）直到自己快滿二十歲的時候才發現，原來她自己就是伊迪娜的曾孫女。芙朗西斯問她爸媽為什麼一直緊守秘密，爸媽說，因為他們擔心女兒可能會把伊迪娜當成模仿的榜樣。

在伊迪娜的人生抉擇中，有許多令人反感的舉動，像是她從來沒有養大自己的任何一個孩子、凡是愛她的人（不管是老公或小王）後來都被她傷透了心。

除了「閃結閃離女子」這個封號之外，大眾最常形容她的詞就是「無恥」。起初，這個詞可能是刻意用來羞辱伊迪娜，因為在二十世紀初期的英國社會氛圍，不太追求肉體的享樂，結果伊迪娜不吃這套，她完全反其道而行，沈浸在慾望之海中。

或許伊迪娜那些不甚光彩的行為，並非出於她個人的自私自利，而是因為她無法同時身兼一位守婦道的好妻子和好媽媽，又一邊享受多采多姿的性生活。

所幸，現在社會風氣有所不同。雖然如今大眾口中的羞恥事物仍多數脫離不了性，特別是多人運動這塊，但今日的女性越來越公開與大膽跟著自己的慾望走。

我鼓勵女生們，如果你對此刻平淡無奇的愛愛生活不滿意，那麼不妨想想伊迪娜．薩克威爾，還有她為了能享受刺激的愛愛，背後所付出的犧牲。也許或多或少，我們要感謝像她這樣大膽、勇敢、突破限制的女性，不願向白開水般的愛愛生活妥協，而是選擇擁抱粗魯力，拒絕為女性慾望感到羞恥。

第五章

婚禮篇

要是你想看到一個二十五歲以後或三十歲出頭的女人表現出生無可戀的樣子，不妨問問她，最近幾年參加幾場婚禮加起來總共花多少。她會開始心算：有多少自己賺來的辛苦錢花在買洋裝、付飯店房間、租車、酒錢，還有買給那些新婚夫妻的各種該死的禮物，而他們早就辦了大型派對，接著去度人生中最華麗的假……算到這裡，你會看到她兩眼越來越黯淡無光。更別提如果你是新娘婚禮籌辦的一員，新娘會期待你現身單身派對。近幾年，派對類型逐漸轉變，以前只是單純在酒吧一晚喝到掛，漸漸演變成大家一起前往某個遙遠的地方，姐妹們一起度過整個週末。啊，差點忘了，還有準新娘送禮大會呢！

人生在二十六到三十六歲之間，常常必須把絕大部分時間和薪水耗在夏天飛去某個國家遠得要命的地方，花一大筆錢住在高價Airbnb房間裡，只因為你男友的同事朋友要結婚、你堂親或表親要結婚、你大學同學要結婚。

我們漸漸發現，人生中參加的前幾場婚禮很有趣，因為還很新鮮好玩，但經年累月後，每年夏季都要來個幾場，開心感被磨光了。另一方面我發現，當我自己越勇於當個說話直白的人，越是擁抱粗魯力，參加別人婚禮的時候就越能樂在其中。今年我不想去世界各地參加別人的婚禮，我不想因此散盡家產，反而能把自己所有的快樂精力用在每場我選擇去的婚禮中，而且也不必花大錢送禮給那些壓根就和我不熟的新人。

我曾寫過一個名為《現代禮儀》的專欄，當時收到絕大部分來自讀者的詢問，和婚禮有關，因為參加婚禮實在吃掉了我們太多時間和錢錢。我們總有一種感覺，那就是把新婚夫妻的想要和需求擺在絕對第一位，就算要耗盡你我假期時間、信用卡拉警報、做出許多會讓自己緊張到腳指頭捲起來的事也一樣。

參加婚禮是一個重要的事，我們都需要硬起來好好學怎麼發揮粗魯力，因為你需要好好守護自己的年假和人生積蓄，同時，也不會讓新婚夫妻覺得你很賤。

假如你很猶豫到底該從哪開始試用自己的正向粗魯力，那下次收到婚禮邀請函，婚宴地點就是你的最佳試驗場。

拒絕的勇氣

郵差從你門口丟了封信，曾經，在很久很久以前，你可能對即將在週末外出感到興奮，但現在，收到邀請函只會讓你害怕得皮皮挫。與其把信封放著不拆開，連續三個月每天經過都瞪它一眼，不如做些什麼來突破自我：決定到底要不要去參加。要是你確定自己真不想去，就立馬回應新人：「不克參加。」

我們常會覺得，既然人家的婚禮都是經過長期計畫才舉辦的，所以沒有理由不去。這根本就是屁話。這只是一封喜帖，又不是聖旨。回覆「不克參加」就好，無須說明理由，而且如果新人是一對你根本不想看他們結婚的對象，你也沒什麼好在意（就算他們會因為你沒在他們大喜之日出席而氣噗噗）。你只要回覆：「親愛的瑞秋，很高興你能邀請我參加婚禮，但很可惜我不能去，儘管如此，我內心還是祝福你們開開心心、永浴愛河。」搞定！現在，六月一日星期六都是你的自己的了，可以好好看 Netflix、除腿毛，全都得感謝你有發揮正向粗魯力，行使拒絕的勇氣。

光是說說，當然很簡單。我以前對婚禮邀請有個可怕的傾向，就是一直當「好好小姐」，自以為日期越接近，想去的意願就越強。想也知道，根本沒那回事。假如收到喜帖的當下沒有心動的感覺，管它經過幾天，都一樣無感。我以前還常有一種惡習，就是如果我很不想去某個場合，那麼等到日期非常接近的時候就會裝病，把「不想去」，變為「去不成」。但這是在行使負面粗魯力，不替他人著想，造成別人不便，還會讓我罪惡到不行。總而言之，就是該避免這樣做（澄清一下，我的確有因想拒絕邀請裝過病，只是我沒有把這招用在婚禮邀約上，雖然我一直非常想試試看）。

要是你真的很想去那場婚宴（或其他的社交活動），那麼，想辦法釐清要花多少時間心力和財力。假如你的閨蜜婚禮地點很棒，而遠房表哥的婚禮辦在國土遙遠另一頭的一個糟糕小鎮裡，那麼你多花一點預算給閨蜜婚禮，這樣也完全沒問題。遠房表哥永遠不會知道你在他們的大喜之日做了成本效益分析。有些在你的生命中很重要的人，如閨蜜和家庭成員們，該為他們盡些心力，但你的時間、財力、精力有限，所以講白一點，有些新人甚至搞不清楚你有沒有出席婚宴，那麼當然不值得把寶貴的資源浪費在他們的婚禮上。

送禮的眉角

我人生中參加的前幾次婚宴，有一場是一對有錢新人辦的。那場婚禮超奢華，婚宴前一天，我突然驚恐想起自己還沒有買他們的新婚禮物，這在英國婚禮習俗可說是極度失禮。我趕快點進他們的送禮清單，想也知道，留下來沒人選的選項都是貴到嚇人的物品。我當時的工作是接待人員，領的是最低薪資，掏腰包為新人買一個浴室垃圾桶的那天，我簡直就要哭出來。到底何苦啊？我想，到現在你應該知道答案，因為我可不想發揮粗魯力。

控制自己參加婚宴的預算在可以接受範圍之內，一點都不失禮，好嗎？你又不是不請自來的朋友，你也沒有強迫新婚夫妻在喜宴上要出菜牛排大餐，所以，透過送禮來抵消他們的婚宴支出，這不是你的責任。假如你想要買個禮物送她們，那很棒很貼心，但要是送禮帶給你壓力、讓日子變得不好過，又或是得欠債，那，去他的禮物。你的朋友對銅色椒鹽研磨機的需求程度，沒有大過於你必須繳電費的急迫感。

接受婚禮邀請，代表你是有想過既然要參加那要送些什麼，而不是完全忘記人家要結婚這件事。如果你很想送禮，但手頭不夠寬裕，那就送點自己用心製作的禮物吧！我有兩位朋友結婚後，我送給他們的禮物是免費幫忙照顧兩個晚上他們九歲大的女兒，讓他們可以自由外出約會。我也認識他們的女兒，他們獲得了我這個好保母，而我也不用花個七十五塊美元買不實用的禮物給他們。

攜伴參加，可不可？

有沒有什麼事，是比飛越大半片國土去吃一場品質普通烤肉婚宴還要阿雜的呢？有，那就是你得單獨赴宴。假如你和朋友一起出席參加，那你們至少可以對分旅館住宿費，並在婚宴結束後可以一起大婊特婊伴娘的裙子有多醜。當然，婚禮主辦的新娘可能不希望你攜伴來，因為從新人的角度來看，除非來參加婚禮的這兩個人都是雙方很熟的朋友，不然每多一個不速之客，新人在婚禮的開銷就越大，必須為不認識的陌生人買單，請他們吃晚餐和喝酒。這就是為何婚禮邀請函上面常會指明只有你一人獲邀。有一種頗受歡迎的作法就是「偕同配偶一起參加」，就連威廉王子與凱特王妃的皇家婚禮也採此做法（當然，他們考量的一定不是婚禮開支，而是婚禮的座位夠不夠）。但重點是，偕同配偶參加的問題，最主要在於你和你攜的伴在感情上有多認真，要是你單身，那這段看看就好。

如果你直白告訴新婚夫妻說：「除非讓我攜伴，否則婚宴我不去。」這樣或許很粗魯。但如果對方直接硬性規定「要帶來的伴，必須是法律上的配偶」，那也是有點粗魯。的確，整個大型婚宴上都是你認識和你喜愛的人，那固然很好，但如果全場你沒認識幾個人，難道你不值得發揮一下正向粗魯力，請新人夫妻允許你攜個伴參加，而不是在你花了四百美元買禮物又出席，還得強迫自己和一群陌生人聊天，不是嗎？新郎、新娘也有權告訴你，他們不希望你攜伴，因為婚宴會場空間或預算有限；而你也有權在告知並得到回覆後，考慮不攜伴的話，你就不去。

過來人說一句：如果你必須要和新人夫妻做這類的溝通，特別是他們還不習慣聽對方直接說出內心感受，那最好是選擇面對面和他們聊。因為用文字訊息討論事情的時候，所有的細微資訊都觀察不出來，也聽不出語氣。這就是為何在線上聊天室或在電子信件裡起爭執的時候，講起話來都比面對面的情況還要糟很多。當面對你朋友說「聽到你要結婚我好開心，可是我去的話，會花掉不少錢和大半假期，結果只換得一個人孤單坐在單身親友桌」，這樣遠遠勝過傳 WhatsApp 訊息告訴她「要能攜伴我才去」。

而且，當面拒絕別人還比透過螢幕要難得多。婉拒信就只要打下任何想說的話，按下發送鍵，就可以把筆電螢幕蓋上，假裝什麼事都沒發生；但看著某個人的眼睛，告訴對方「不行」真的非常、非常難。

我早就知道上述這個事實，這也是為何我向來是透過電子郵件或訊息向收信人提出請求——因為如果對方答應我，那代表他們是出自真心。在另一方面，如果你想向對方要求一個「他不太想答應」的請求，例如加薪、在工作最忙的時期請假、攜伴參加婚禮等等，而你又覺得這是自己應得的，那就盡量當面提出。

這點目前我也還在努力中。我和大多數女性一樣，把自己的想要和需求擺在他人之後，覺得別人的需求比我的還重要，因此我很容易犧牲自己，或用一副委屈的樣子提出請求，換來對方輕而易舉就打發我，但從頭到尾根本就毫無意義啊。如果提出的請求合理、站得住腳，你也覺得自己堂堂正正，那就應該鼓起勇氣堅持立場，這樣最能讓對方答應。

準新娘的告別單身趴

最近我才剛剛把心一橫，轉了二百七十美元禮金給一位不太熟的朋友。當我在匯款備註欄寫下「準新娘的告別單身趴！」這幾個字的時候，忍不住想：為什麼要用將近一個禮拜的生活費，坐六個小時的客運車，去一個連我都不知道算不算朋友的告別單身趴？準新娘的告別單身派對難處在於，要繳一大筆現金，還要空出自己的假期給別人（有時甚至是一位不太熟的人），然後心裡希望他們安排的單身趴內容不要太無聊。最好的情況：你度過一個開心愜意的週末，值回票價。最慘的情況：花了一大把錢困在鳥不生蛋的地方，還是和一群不怎麼喜歡的人，逃都逃不出去。

根據訂房網 Hotels.com 做的研究指出，平均參加一場準新郎或新娘的告別單身派對，就要花超過六百美元（按，約台幣兩萬元）；如果派對還辦在國外，那就要花費一千二百二十九美元（約台幣三萬六千元）。要是一年參加四場，總開銷就會落在二千四百美元到四千九百美元之間。而英國平均年薪是三萬五千七百一十七美元。所以，你花掉了年薪將近百分之七到百分之十四，貢獻給人家做新娘花環皇冠，在告別單身趴上面欣賞脫衣舞郎或舞孃的表演。

其實參加告別單身派對的原則跟參加婚宴差不多：除非真的想去，否則別輕易答應，要是真想去，也先確認自己口袋夠深。別把自己弄到負債或窮到吃土的處境，只換到沒冰的普羅賽克氣泡酒，玩著「把圖釘釘在海報男模的雞雞上」這種無聊遊戲。在乎你的好友絕不會因為你說「對不起，太貴了，我無法參加」而對你記恨，尤其是你願意直接了當說明原因。往往，我們想要假裝自己可以負擔的起，原因是我們不想讓別人知道我們沒錢。但假如我們能坦然承認，某個東西對我們來說太貴，那最終就能打破「國王的新衣」效應。

伴娘不好當

想像一下，你有個朋友，才剛訂婚，有次邀你去一家距離你住處有點遠的高檔雞尾酒吧喝一杯。到酒吧的時候，她遞給你一個五顏六色的紙盒，打開後，裡面有個小氣球，上面寫著：「你願意當我的伴娘嗎？」事情就這麼發生了。你朋友為了規畫她的婚禮，已經整個人呈現半昏迷，她以為你可以像她一樣，重視她的大喜之日，可是實際上很難。

女生總喜歡抱怨當伴娘有多辛苦、枯燥，但還是很難不碎唸一下。對自己的大喜之日投入過頭，也不是新娘的錯，畢竟她可是花自己的錢，耗掉一整年之中的分分秒秒來規畫婚禮，希望把婚宴辦得賓主盡歡。

我還在寫那個禮儀專欄的時候，讀者投書也很常問：可不可以拒絕當伴娘？不管是因為開口邀你的人你不熟，所以不太自在，或是你已經當過太多次，光是看到一件馬卡龍色絲綢吊帶裙就讓你想吐，答案當然是可以拒絕啊！你可以拒絕當伴娘，想說不，就該說不。你寧可拒絕，也不要先答應對方，結果伴娘工作做得不太好，雷到人家。原本想婉拒，結果卻答應當人家伴娘，最後可能毀掉你們的姐妹情。

三十六歲的凱芮，就因沒有拒絕當伴娘而悔不當初。「她是我讀書會裡的一位好女生，我蠻喜歡她的，可是我們沒到很熟。獲邀當伴娘的時候，我受寵若驚，可是，因為我當伴娘經驗不多，所以沒有注意到會有那麼多工作要做。她想要一場精心策畫、邀請多位脫衣舞郎的告別單身趴，優雅的坐定位吃飯，吃完再到夜店嗨一晚，但她又希望來跑趴的賓客每人花費不要超過六十美元。我已經盡全力了，但我不是會計，也不是魔法師，所以我看得出來她對我有多失望。再加上，我接下伴娘不久就懷孕了，在辛苦的孕期同時還要盡好伴娘的責任，真的很吃力。我告訴準新娘，我必須先顧好身體，可能無法再繼續當伴娘。這下我們的關係就搞僵了。婚宴當天，聽到不少她姐妹淘們閒言閒語：『她就是中途跳車的那位伴娘嗎？』為了彌補她，我送她一個價值不斐的新婚禮物，但坦白說，我應該一開始就鼓起勇氣告訴她，我家裡有孩子要顧，肚子裡還有另一個，而且還得工作，根本沒空幫她策畫婚禮。在她剛邀我的時候就說不，可能不會讓她那麼難受，但在策畫婚禮階段當個中途落跑的伴娘，事態肯定會變得更糟。」

碰到難搞的新娘

說了這麼多，可能會讓你以為我討厭難搞的新娘。我覺得你絕對有權拒絕新人夫妻的各種要求（他們的想法往往很瘋狂），可是，我也很同情所有的難搞新娘，因為她們只是想在自己大喜之日可以一切圓滿。你問我新娘該怎麼當？我會說，盡量毛不要那麼多，這樣就不會花盡畢生積蓄，但換來不怎麼樣的婚宴；也能在度完蜜月回來，還有些閨蜜好友不離不棄。

我和老公籌辦婚禮的時候，會用星期六早上開車去見花藝師、婚禮籌辦人、蛋糕師傅等等與婚宴相關的負責人。在整個路途中，我們常在車上彼此怒罵（我吼他是因為我覺得他不在乎我們到底要選用哪款蠟燭，他吼我是因為他覺得我在開車，應該注意限速）。然後，每當我們千里迢迢終於抵達某個婚禮承辦商門口的時候，我會從後視鏡檢查自己的唇膏有沒有擦好，接著我們牽手，臉上掛滿笑容，下車去按承包商的門鈴。每逢星期六我們去試菜的時候，我會散發出一種甜甜的輕鬆感覺，很像我根本不相信自己就要當新娘了，更不用說快狠準選出婚宴要用的蛋糕。「親愛的，你覺得呢？」每三十秒我就會問老公一次。我下定決心，絕對不要讓人覺得我是難搞新娘。

通常，女性唯一一次會放膽發揮粗魯力，用頤指氣使的方式表達自己的特定需求，就是在準備當新娘的時候。因為我們女生從小就接受教育，知道婚禮是人生的巔峰。所有教養女孩子溫良恭儉讓的常規，都會在我們策畫婚禮的時候失靈。難搞新娘並非天生，而是後天養成。為什麼最「乖」的女生也會在婚禮前大喊「這是我人生中特別的日子，我想感覺自己就像公主一樣」呢？有兩個原因：壓抑與期待。

我二十六歲那年結婚，在那之前，我壓抑自己的慾望好多年了，假裝我不在意去哪裡度假或是晚餐要吃什麼，總是脫口而出：「隨便，都好。」結果吃完就腸躁症大爆發，因為我可憐的身體受不了印度辣食物。但我訂婚的時候，人們好像很像期待我表現出控制狂的模樣，因為畢竟要結婚的是我，我成功釣到了一個男人，所以從小壓抑到大的那些難搞、不理性、極度自私的所有想法，現在都可以釋放了。原本那些從沒見過我任性發脾氣的人，突然會體諒我因為沒選到適當的新娘捧花而爆哭。這種感覺真的棒呆了。

儘管多數女性從未策畫過任何一場大型活動，但我參加的每場婚宴，幾乎完全都是由新娘精選出的伴娘團隊攜手完成的傑作。婚宴證明了，只要女性從枷鎖解放開來後，我們能夠完成多少事情。每當我看到女生朋友變成難搞新娘時，我就開心到爆，因為這證實我們內心的確存在正向的粗魯力。當我們感覺自己可以有主見、表達明確需求、要求東要求西、自私一點的時候，我們就能幹出大事。

「難搞新娘」是一長串專用來形容女性的其中一個，這種字詞通常沒有專指男性的同義詞。這個詞是拿來醜化、謾罵女性的用詞，使用時機則恰好是在女生人生中壓力大的時期。可是，我把「難搞新娘」一詞當作極大的稱讚，一名「難搞新娘」，指的是一位女性要把畢生積蓄砸在一場為期一天的派對，媽的，她當然有權找到合適顏色的宴客桌巾。我希望有更多女性可以在日常也能擺出「難搞新娘」的態度，如果我們開始成功爭取自己應得的，那我們的能力就會越來越大。只可惜，身為女性，你我之中，絕大多數認為只有在大喜之日才能打出「難搞」這張牌。

如何使用正向粗魯力：婚禮篇

◆跟我念一遍：「喜帖是邀請，不是聖旨。」收到邀請函，並不代表你有義務要出席。

◆拒絕不需要給理由。說聲「謝謝你盛情邀請，但我們不克參加」就夠。

◆婚宴應該是充滿歡樂的場合，要是帶著氣噗噗的心去參加婚禮，吃飯時又想「我為什麼在這裡」，那不如收到邀請函後立馬婉拒。

◆有時候，婚宴就是得攜伴參加才有趣。開口問是否能帶個人去既不自私也不可怕，特別是與會嘉賓沒有半個是你認識的時候。

◆要是無法攜伴你就不想參加的話，也沒什麼大不了的，新郎新娘有權訂下「攜伴規定」，而你也有權決定既然如此，要不要出席。

◆「盲婚頭」是一種現象，你在策畫一場婚禮的時候，看不到世上除了自己婚禮外的一切事物。有時，你需要好姐妹願意冒風險提醒你打開眼界。

◆你的婚宴是場很棒的派對，也是婚姻的起點，但並不是國際高峰論壇，其他人不會像你一樣，那麼關心你的婚禮。

◆平均參加一場婚禮會燒掉一個來賓四百八十一美元，簡直就是度一場假的費用了。你覺得在這場婚禮的享受程度會超過自己度假的程度嗎？

◆你不需要砸大錢買貴禮，從新婚夫妻的贈物清單裡選便宜的買，這完全可以。另一方面，贈送放著回憶照的相框、一封體貼的信或是承諾未來會做些什麼也很好。如果有人還在度蜜月的時候抱怨你送的禮物太便宜，那她顯然不夠朋友。

典範人物：忤逆女王沒在怕的政治家
——薩拉・邱吉爾

馬爾博羅公爵夫人薩拉・邱吉爾（Sarah Churchill, Duchess of Marlborough）生於一六六〇年五月二十九日，卒於一七四四年十月十八日。由於她和英國女王安妮的交情深厚，薩拉從英國朝臣躍身為該時代一位最有影響力的女性。

要是你對薩拉有所了解，那我猜或許你是從電影《真寵》（The Favourite）知道她的，該片描述安妮女王、薩拉・邱吉爾和馬沙姆男爵（Baroness Masham）之間的複雜關係。雖然《真寵》只是劇情片，但至少在電影裡呈現出來的正向粗魯力非常精準正確。安妮女王如同多數君主一樣，身邊圍繞著自己聘用的心腹，群臣不敢說出逆耳的諫言。英國歷代君主相信（或許如今在位君主依舊深信）一個原則，稱作「君權神授」，代表每位統治君主都是上帝選出來的，作為祂在塵世間的代表人。所以，責備國王或女王的就等於責備上帝。再加上君主可以放逐、囚禁或誅殺朝臣，可想而知，朝臣就算知道，也不會去揪出君主的錯誤。

身為女王的心腹朝臣，除了她的機智、迷人和聰明外，薩拉也常直接、一語中的，還有很直白而粗魯。眾所周知，薩拉從不奉承女王，甚至還都直呼女王的兒時小名——莫莉太太（Mrs. Morley），這是一種經過權衡、充滿建設性的粗魯力表現，在宮廷中多數時候都很管用。數十年來，安妮女王與薩拉一直很要好，她在宮中職位為首席侍女官（mistress of the robes）及如廁陪侍（groom of the stool），皆是女性在朝廷中所能達到的最高頭銜。薩拉的丈夫也跟著得到提拔，每年從王室獲得七千英鎊的年俸，換算成今日價值大約九十三萬美元。此外，女王還賜予邱吉爾夫婦布倫亨宮（Blenheim Palace），是一座占地兩千英畝的莊園，內有一百八十七個房間。

不幸的是，薩拉直言不諱的正向粗魯力並沒有讓她就此在政治生涯中無往不利。薩拉的表妹阿比蓋兒．希爾（Abigail Hill）也踏入宮廷，決定和表姐薩拉對幹，她只在女王身邊說好聽話，無條件支持女王決定，隨時隨地對女王百依百順。可想而知，比起薩拉在朝政上一針見血烙狠話，阿比蓋兒的作法更討女王歡心。一七〇七年，阿比蓋兒與塞謬爾．馬賽姆（Samuel Masham）密婚，結果女王受邀參加，也真的出席婚禮，但表姐薩拉．邱吉爾則是事後才知道，引人議論（雖然這種情況，在現代 Whatsapp 群組見怪不怪）。

薩拉因為變成邊緣人而氣噗噗，也了解到馬賽姆和女王的關係變得越來越親近，而且她老公邱吉爾不知情。能夠讓女王出席你又小又私密的婚禮，這很不得了啊，也象徵你們之間極為親近要好。不只如此，女王從她的口袋裡（王室預算）掏出兩千畿尼（guinea）給馬賽姆夫婦，相當於今日二十八萬美元。想也知道，薩拉因為被蒙在鼓裡而生氣，但不幸的是她沒有好好調整自己的粗魯力尺度，所以她越來越失寵，最後失去所有職位。她和丈夫邱吉爾離開英國朝廷，布倫亨宮的營造工程暫時擱置，夫妻倆退出英國政界，搬到德國，直到安妮女王駕崩後，才重回英格蘭故土。

令人失望的是，從一七〇〇年代到今日，情況沒有太大的變化。從好的方面來看，要是你沒獲邀參加朋友的婚宴，至少不太可能是遭流放的前兆。就算如此，身為女性，在婚禮的社交地雷區裡走跳還是很辛苦困難。

薩拉．邱吉爾所展現出來的正向粗魯力，或許在當時超出實際需要的馬力，她也無法控制好自己硬著來的傾向，但至少身處現代的我們，還是可以好好觀察她怎麼把粗魯力納為政治利器。薩拉有話直說的粗魯力，伴隨她敏銳果斷的政治決策和魅力，讓她成為全國位居第二影響力的女人，直到一場婚禮讓她失去一切，跌下政治舞台。

第六章
客人篇

你身為消費者的時候，就是學習發揮正向粗魯力的好時機。雖然也說不上誰對誰錯，但偶爾就是會有某些事情或環節出了包，像是商品壞掉破損、預約突遭取消、修眉機突然不聽使喚滑了一下，害你一邊的眉毛被剃光了。如果你不是奧客俱樂部的全額會員，那麼碰到這種情況時你就會裝開心，花錢買不合標準的商品或服務，接著轉頭回家，向身邊那些根本幫不上忙的純吃瓜群眾抱怨。大家都知道，這樣超沒意義。是時候該結束這無限迴圈了。

話說，以前我在一家非常高檔的百貨公司站櫃姐，也就是在那段期間，我目睹了各種客人發揮正向和負面粗魯力。我任職的公司要求員工穿套裝、踩高跟鞋、上全妝，還要笑臉迎人，很像要用公關笑來假裝自己的腳沒有因為穿高跟鞋差點痛死。我們的工作可不只是賣產品而已，而是要讓客人感覺她們尊爵不凡，這樣她們才會覺得自己撒錢撒對地方，不會回頭和我們抱怨買的東西貴桑桑。

百貨公司客人可分成兩種（只是當時的我並不知道），她們奠定了我對粗魯的價值觀。

第一種客人的粗魯有理，她們龜毛、追求效率、有特定需求，期望得到極致完美的產品或服務。她們雖然固執，但值得尊敬。至於第二種客人，她們為了得到櫃姐關注，所以打響指、大聲嚷嚷、頤指氣使、抱怨東抱怨西。第一種客人的超直白是源於自信，因為她們知道自己值得踏進一家高大上又假掰的百貨公司；但第二種客人恰巧徹底相反，那些打響指、用踱到爆的態度對員工指指點點的客人，其實內心覺得自己根本配不上這裡。她們沒有自信保持冷靜，也渴求得到櫃姐服侍來相信自己是貴客。這些人看似花錢不眨眼，不缺三百七十美元買一件孩子的派對洋裝，不在意付二百四十五美元添購一雙夾角拖。她們缺的是我們——領基本工資的櫃姐——覺得她們很厲害。

我可以理解這些客人怕的是什麼。記得我媽第一次帶我逛夏菲尼高百貨公司（Harvey Nichols，另一家比我工作地點更酷的百貨公司，賣的商品更奢華），我走過手提包展示區，站在亞歷山大．麥昆和香奈兒櫃位旁，連呼吸都很挫。那些頭髮濃密、擦著鮮紅唇膏的漂亮女人們，看起來都很可怕，我有種她們都在盯著我看的感覺、打量我的服裝行頭，並得出我不屬於那個世界的結論。但我媽完全不以為意，她跟我說：「你和任何人一樣有權在這裡逛，別想太多，就只是一家店，沒什麼大不了。」多年過去，偶爾我還是得說服自己：「這只是家店，沒什麼大不了」、「這只是家酒吧，沒什麼大不了」、「這只是場派對，沒什麼大不了」。

如今多年過去了，我還加了屬於自己的「咒語」，像是「她們只是在上班，根本不會鳥你是誰，她們只想輪完班後，趕快回家。」有些人，特別是身為高敏感族群的你，可能會感覺人人都在檢視你的行為，但拜託，聽我一句勸：真的、真的沒人比你自己還在意你的舉手投足到底怎樣，沒人還在想你上週說過什麼蠢話，或你怎麼開那扇門。

說請、謝謝、大方給小費、想要什麼就說、要是沒到得到應得的，就堅定但有禮向商家抱怨、說「好」就代表真的覺得好、不想要或不喜歡就說「不好」，然後讓事情順著下一步走。光是講講，聽起來就是那麼簡單，唯一另一個小步驟就是，把一直以來人們說「母湯，這很粗魯」的那套通通拋掉。

弄頭髮

如果你是個在乎頭髮的女子，髮型師提供給你的就是一種安全空間，踏進髮廊之前，你看起來亂糟糟，可是只要把頭髮弄好，出了門後，你就會感覺自己變個了人，簡直就像大改造一樣。其實，髮型師的魔法並沒有那麼神。對許多女性來說，這是唯一她們能夠安安靜靜待著、好好讀一本書或玩手機的時刻，周圍沒有小孩、老公在那邊吵，也沒有工作上的急事或其他無可避免的麻煩事。幾小時沒人打擾的休息魔法，再加上髮型師把頭髮吹超好的蛻變力量，你就會知道，為什麼有很多女生都很期待去弄頭髮，簡直像是近乎宗教的神聖體驗，但這也是為何，要是弄出來的頭髮出了什麼差錯，我們會失望透頂。

當我們討論女人的一生時，常常會依照時期、成熟過程、分水嶺等概念來畫分，例如初吻、初戀男友、初夜等等，這些都很重要。可是我覺得還差一個更重大的第一次：女生頭髮被剪壞的第一次。我第一次頭髮被剪壞的時候是十四歲。那時我有點胖，鼻子上有塊難看的曬傷斑，認為自己長得很抱歉，很討厭自己的樣子。這是大家在青春期那個歲數都會有的感覺。在這之前，我剪過的髮型都讓我感到自己比沒剪之前更漂亮、更開心，更喜歡蛻變後的樣態。直到那次，一切都變了。當天我說我只想修髮尾，大概剪個二點五公分就好，但髮型師堅持要剪更短，而且我被髮型師的態度嚇到了，只好順從答應。但剪完後，那份熟悉的噁心感回來了，吹風機一吹，我之前的中長髮變成連肩膀都不到的長度。

你我都知道，要是頭髮剪壞，就應該禮貌地向髮型師解釋你不滿意。想當然，我那時才十四歲而且嚇到驚呆，怎麼可能還和髮型師抱怨呢？我付了錢，一路哭回家，到家後，媽媽給了我大大的擁抱，恭喜我登大人。她告訴我，在經歷這一遭後，我從女孩變成女人了。許多女孩都曾經一方面對理髮師說「好喜歡這個髮型喔！謝謝！」同時又強忍著淚水，躲進咖啡廳的洗手間默默啜泣，為了自己不想被剪掉的頭髮哀悼。

身為直髮白人女子，我一直有頭髮相關的困擾，但跟其他膚色不同的女生們攀談過後，才覺得自己的困擾根本是雞毛蒜皮：她們的頭髮，屢次遭到不知怎麼處理自然捲或是天生細毛捲髮的設計師亂剪一通。現年二十九歲的倫敦作家瑪雅告訴我：「到現在，我只遇過三位知道該怎麼處理自然捲髮型的髮型師。其他髮型師都弄得很糟，所以我就說聲謝謝，付完款就走。」

她接著說：「每次剪完頭髮，髮型師總是會問我要不要把捲髮吹直，而我總回答：『好。』就算內心希望還是維持原本的捲髮弧度。幾年前有位髮型師為了幫我把頭髮吹直，結果吹風機的溫度開超高，害我頭皮上層都燒傷了，那邊的皮膚直接脫落，害我整整一個月狂掉頭皮屑。但當時我還是直接付帳，告訴對方：『弄得很好看，我很喜歡。』」

幾乎所有十幾歲女孩都愛看的電視節目《超級名模生死鬥》（America's Next Top Model）第一季裡，有個參賽者叫艾波妮・海斯（Ebony Haith）在「大改造」這個主題時，得知她必須把頭髮剃光。節目組的白人髮型師完全不知道該怎麼處理艾波妮非洲裔的天生細毛捲髮，打理艾波妮頭髮的節目片段慘不忍睹，髮型師們邊弄邊嘲笑自己的無能，結果搞得艾波妮的頭簡直是大災難。艾波妮平常是個有話直說、充滿自信的女生，在髮型師不知所措的時候，她靜靜坐著生悶氣，完全吐不出抱怨，直到髮型師團隊毀了她的頭髮。

在人生初次弄頭髮踩雷之後，我又經歷過四、五次髮型災難，直到最近我才知道怎麼替自己發聲。去年，一位染髮師把兩管染劑弄混了，結果把我淺金髮挑染成偏橘棕色。我知道她搞錯了，她也知道她出包，大家都知道發生什麼事。要是過去的我，就會摸摸鼻子接受糟糕的髮色，然後再付錢找別的髮型師解救。但現在的我，由於有正向粗魯力的神力加持，我挺起腰桿，準備靠夭。我打給當初預約弄頭髮的平台，要求退款，也順利拿到錢了。接著我回到挑染出包的髮廊，因為這家髮廊原本就有提供「染髮包滿意」的服務，於是我坐了八個小時，讓染髮的髮型師們漸漸調回我說好的髮色。處理完後，我沒有面帶微笑跟他們說我很開心，而是大吸一口氣，告訴店家，雖然結果不盡人意，我不太開心，但也很感謝他們努力改善狀況。老實說，在這之前，我從來沒感覺到自己那麼勇敢。

剪壞頭髮後該怎麼做，取決於個人偏好，還有居住地區的相關法律。在英國，消費者受《消費者保護法》保障，剪壞頭髮不用付款；在美國，界線略為模糊，搞不清楚如果你點的餐送來後，餐點品質不好，究竟到底該不該付錢。大多數情況下我傾向付費、客訴、要求另一個更資深的髮型師幫我處理，要是還是弄不好，那就要求退費。可是要怎麼做取決於你，假如你不相信髮廊中任何一位髮型師，又或是你覺得店家不夠衛生、染劑不夠安全，那就相信自己的直覺，離開這個鬼地方。

「剪壞頭髮」很容易就被歸類是「你們吃太飽生活無虞的人才會在意的事」。在意美不美？不會覺得自己太無聊嗎？頭髮小事一件幹嘛計較。可是我堅定相信，在哪裡把頭髮剪壞，就在那個地方練習勇敢表現出正向的粗魯。我發現自己已經有好幾次，明明洗頭髮的水溫太熱或太冷，但我卻回答洗髮小妹：「溫度很可以。」我到底何苦要這樣回啊？幫我洗頭的人根本不在意，況且調個水溫又不會帶給對方天大的壓力；人家會問我水溫適合嗎，就是為了要確保水溫適中。然而，我們卻一次又一次的把自己的舒適拋開，只為了讓一個陌生人方便。別忘了對方是員工，領了老闆的薪水來提供服務的。我們的「寶寶心裡苦，但寶寶不說」對於對方來說，根本一點都沒好處。

你說在生活中有更多更重大的事，剪個頭髮洗個頭只是小不拉機的問題，對吧？是啊，沒錯。可是，這也恰恰就是我們身為女人，把自己的想要、需要、舒適壓在最底層的最佳示範。弄個頭髮出狀況又不是什麼世界末日，但這就是為何髮廊是練習客訴最完美的試驗場。我不禁想，要是有人教導當年十四歲的我向髮型師說：「老實說，這不是當初我們商量好要剪的髮型，所以我對最後的結果很失望。」我可能就不會在往後十多年裡面，一直病態地擔心自己的言行舉止會不會太沒禮貌，太粗魯。

外出用餐

有時候，外出用餐得到的食物品質或服務無法達到如你預期，可能是餐點送來都涼掉了，或是調味不夠又或是調味下手太重，也有可能嘗起來就是味道怪怪的。對於那些很擅長抱怨的人，客訴輕輕鬆鬆。當然每個人都可以笑著說：「我點的是半熟牛排，但端上來的是全熟，請幫我重新再上一份。」但也有人明明吃的是全素，就只是不想讓自己的言行看起來很沒禮貌，所以全程一聲不吭，嚼著紅酒燉牛肉。

在成為作家之前我當過保母。有天下午，我帶著看顧的小孩去吃麥當勞（我可沒說我以前是個好保母喔），她點了一份快樂兒童餐，這份套餐應該要附贈某個指定玩具，但她卻沒有拿到說好的那個玩具。打開包裝後她一臉喪氣到不行，告訴我：「人家想要海報上的那個。」對於一個七歲小孩來說，沒有拿到原本說好的玩具可是一件大事。她向我說：「你可以幫我去問櫃台嗎？」

我意識到當下是個絕佳的教育時刻（而且，如果不是為了培養未來的女性主義者，幹嘛當保姆呢？）於是我回答：「不行，你要跟我一起到櫃台，自己問店員。」於是她緊張兮兮，幾乎不敢看對方眼睛，但還是很有禮貌告訴站在收銀機後的櫃台先生說，假如還有的話，她想要換成廣告上看到的那個玩具。服務員不但沒有換給她，而是把兩個都送她了。在那當下，我發誓她一定又成長了一些些。我當保母的時候，並沒有教會她很多事，除了「不管其他人怎麼講，泰勒斯就是歌壇女王」外，唯一真的給過她的禮物是如何有禮地向人抱怨。從麥當勞換玩具事件後，每次無論我和她去哪吃東西，她都會好好檢查我們點的熱可可、杯子蛋糕、奶昔，如果拿到的餐和照片有落差，她就會小小聲問我：「我可以去和店員客訴嗎？」

當然，也有時候我非常非常後悔幫她上那堂粗魯力實務課，像是她跟我反應我在下午點心時段替她做出來的香腸不夠熱。但最終，這是我當她保母期間，教會她最實用的事了。在她還沒有完全學到「女人不該提出要求或主動提問」的時候，我就先教會她：她完全有權採用禮貌的態度，向人提出抱怨。這是你我——就算身為大人——也都還在努力實踐的。

最近我和我媽一起吃午餐，她很會煮飯，各種不同種類的食物她都會料理。我們在餐廳，她點了一份鰩魚翅，不久之後端上桌了一盤完全不同的魚。她猶豫了一下，叫服務生過來說：「不好意思，這盤很像不是鰩魚翅。」服務生還向她保證那就是鰩魚翅，而且說完轉身就走。我那幾乎料理過各種魚的媽很生氣，她百分之兩百肯定自己是對的，可是她又不想和餐廳反映，所以就默默啃著那塊謎樣魚排。

吃完後同一位店員過來收盤子，我們又問一次：「你真的很確定這盤是鰩魚翅嗎？」得到的答案，不出所料，店員坦承我媽吃的魚的確跟當初點的不一樣，是廚房那邊在排出餐的時候搞錯順序。

這算是「吃太飽生活無虞的人」才會抱怨的事嗎？當然是，而且我覺得當天那家餐廳一定不只有這一件事出差錯。不過，我媽恰好經典示範一名女性因害怕把事情鬧大，於是選擇不相信自己的直覺。這種情況如果只是在午餐時間一次，或許不算什麼，問題在於許多女性已經把忍氣吞聲當成一種終身習慣了，付出一流的價錢，卻甘願接受二流的服務或商品。如果是這樣，那就是件大事。

許多參與本書調查的對象提及，她們討厭在餐廳裡客訴，因為感覺很像把自己的不滿發洩在服務生身上，犯錯的通常不是服務生，而且他們薪水不高。

這個論點引出一個有趣的困境：如果你出外用餐，上餐速度慢、餐點該熱卻冷、用餐體驗也平平，那你還為此付全額又或是不得不吃你自己不喜歡的食物，那就不對了。我們大多數人，把去餐廳吃飯當作一種享受也是期待的事，所以對餐廳服務、品質有一定程度的期待很正常。的確，為了不要讓服務生日子難過，所以我們忍受不符期待的餐點，或許可說我們人品實在太好，但還是又回到那個老問題——你寧可在意陌生人的感受，勝過自己的感受，只因害怕表現出言行粗魯的樣子。

很多投身餐飲服務業的人都很年輕，他們領著低薪，上班常常不開心，所以，如果你把某個這樣的可憐蟲叫到餐桌前，跟他或她說剛剛端來的牛排不是你要的（這塊牛排的價格還剛好超過服務生的薪水），你會覺得自己囂張、可恥。沒人想在桌前對著不滿二十歲、才剛第二次輪班的女服務生大聲嚷嚷：「叫你們的經理來！」

你還是可以和服務生說說話，而且不帶一句責怪她的話，你應該有禮也清楚知道這不是那位領低薪服務生的錯。要是她開口問你：「餐點都還滿意嗎？」你可以採用誠實但不帶責怪服務生的說法來指責大廚，而且，只要服務生服務得好，你就該反映在你給的小費上。

雖然有時你也有可能會遇到不盡人意的服務。幾年前，我和老公還有另外兩位朋友週末到康瓦爾郡去玩，晚餐的時候我們點了一瓶紅酒和白酒，大家要我先試喝看看白酒如何。我淺嘗後，你猜猜看我喝到什麼？我喝到了滿滿氣泡。正常白酒不該是這樣，於是我知會服務生說，我們開的那瓶味道不好，想要換一瓶，這是我過去從未提出的要求。出乎我意料之外，服務生居然搖了搖頭，並說：「喝起來口感本來就這樣。」

我聽你在說笑，根本不是。我這輩子已經酒喝到都不記得幾瓶，我知道哪些酒該起泡，哪些不應該有氣泡。我回答：「我不覺得，我們真的希望再開一瓶來喝。」

他回應：「可是喝起來會和現在這瓶一模一樣喔！」

在那個剎那，我整個人快起肖了。我原本應該表現得像個成熟的大人，告訴他：「沒關係，我們想再開一瓶。」可是我決定告訴他說，我是一名專業品酒師，也說原本的那瓶已變質。為了怕有讀者不知道，澄清一下，事實上我不是專業品酒師，我喝酒純粹喝開心。

服務生看起來年齡不到二十歲，他驚訝之餘隨即端來新的一瓶酒。好險第二瓶沒有氣泡，我鬆了好大一口氣，接著那晚就順順的過了。

那瓶酒是我買單，大家邀我先嘗一口，光憑這兩個原因我就有資格要求開另一瓶沒有氣泡、沒有變質的白酒，所以我根本不應該謊稱自己是專業品酒師。不過故事重點是要告訴大家，在向人抱怨的時候，我們很容易對自己的信念不夠堅定，只要一名壯碩的服務生告訴你不是這回事，就可能讓你動搖。但請記住一句老話：顧客至上。

你不需要身為一名專業品酒師才能品嚐出一瓶酒有沒有變質，也不需要是米其林餐廳的美食專家才能喝出湯有沒有涼掉。買單的可是你耶，要是你覺得餐點怪怪的，就直說。

客訴的眉角

向人抱怨的眉角就是要有禮、有分寸、語帶尊重，和服務人員小聲說話並解釋問題原因（最好能面帶微笑，千萬別提高音量），還有你期望的解決方式。

二十六歲的服務生莉莎說道：「作為服務人員，我從來都不會因客人抱怨而記仇。他們抱怨通常有道理，我也不是笨蛋，在廚房進進出出，我可以看出來食物品質並不是永遠都很好。坦白說，只要客人態度有禮，我不會因為他們投訴餐點不好而覺得他們是奧客。畢竟，餐點又不是我做的。」

她接著說：「我也不會因為客人要求換餐點而覺得很煩，只要他們態度有禮就好。的確，偶爾會因為得再跑回廚房覺得煩，大廚可能會因突然變單對我們大吼大叫，可是這不算客人的錯。況且，客人直說自身需求，反而讓事情更簡單些，通常他們要麼就想重上一盤，或換點別的菜，不然就是取消原本點的其中一份。只要還沒整盤吃完，我工作過每家餐廳都很樂意為客人服務，當然，如果客人一開始就解釋清楚自己想要廚師怎麼料理，就能更快更容易解決。」

客訴並不代表你就因此不給小費。在大多數餐廳，小費是給服務生的，不是給大廚的，所以如果你抱怨的是食物，那不給服務生小費就等於遷怒服務生，認為服務不夠好，這對服務生並不公平。最好是抱怨食物後，還是給服務生全額小費。除非服務生的服務真的很糟糕，那你可能可以考慮不給，但我想再次強調，一切取決於餐廳人手夠不夠，服務生是否盡全力協助客人，還有服務生是否真的態度欠佳，表現出一副心不甘情不願的樣子幫你點餐。如果狀況是前者，那就慷慨一點給小費；如果是後者，要不要給小費隨你。

當我去的餐廳或待的旅館明顯人手不足，我通常事後會寄電子郵件給管理部門，跟他們說，我很享受他們提供的服務，他們的員工盡了全力協助我，可是很明顯他們忙不過來，所以店家可以考慮再徵多一點人。我很確定多數電子郵件都會被忽略，但偶爾我會得到店家回覆，說他們事後有再增添人手。就算我寄的信像丟到井裡的石頭，至少寄封信代表我主動讓管理階層知道他們的員工沒有得到公平待遇。而令人遺憾的是，公司通常較願意聽進去客戶的反映，勝過自己員工的心聲。

自從網際網路時代以來，客訴也產生很大的改變。以前還只能當面向店家反映食物爛到爆、旅館住起來不舒服，現在我們可以對他們假笑，但事後在推特大酸店家。我不確定這樣到底是誰獲益，因為當面客訴可以讓你直接告訴店家你有多失望。

要是你去看看那些用推特傳給公司、旅館、超市、餐廳服務的訊息，就會看到好大一串都在酸店家的內容。在現實生活看起來像是綿羊一樣溫馴的人，在鍵盤前搖身變成怪獸。火車假如誤點，就會留「討厭到死」；餐廳上的三明治不新鮮，就會留：「怎麼還沒倒」。就好像多年來在現實生活中沒機會抱怨，累積起來拿到社群媒體上如同壓力鍋一樣大爆發，砲轟火力開到最強，用字火氣毫不留情。

但這只是在發揮負面的粗魯力。我們想追求的是消費者平靜地主張自己的權益，要求即時更換商品，而不是在社群媒體上的那種粗魯力，叫客服的人去死，只因為你買到一瓶過期兩天的莎莎醬。

有次我從愛丁堡搭火車到倫敦，我原本預定的座位遭取消。一上車，我就對維珍鐵路公司的社群小編傳了一則又臭又長的抱怨訊息，煞費苦心詳細描述坐車感覺有多差，但遠在百里外的他根本無法度。最後，我決定放棄隔空發洩自己有多無奈，拖著包包和老公到頭等車廂坐下來。驗票員來驗票的時候，我向對方解釋事發經過，並問驗票員是否真的要讓我在行李架上再坐六個小時。好險沒有。

我在推特上發多少憤怒貼文並不重要，就算我粉絲有一萬八千人還有一個藍色的認證勾勾也沒啥用，唯一讓我有座位坐的方法就是語帶禮貌向隨車人員客訴。適當抱怨是果敢且可敬的行為，在網路上砲轟陌生人，無論你有多麼氣噗噗，都不是發揮正向粗魯力。

如何使用正向粗魯力：客人篇

◆不要對服務人員尖聲叫罵；不要和會對服務人員尖聲叫罵的人滾床單；不要和會對服務人員尖聲叫罵的人做朋友。

◆只要語帶有禮，抱怨就沒什麼可不可以。

◆當面客訴通常會比線上還有效率。

◆客訴的時候，也應該說清楚期望的解決辦法，而不是讓員工玩「我猜我猜我猜猜猜」。

◆要是餐點或商品會讓你過敏，就該盡你所能放出正向粗魯力大絕，拿健康開玩笑，真的值得嗎？

◆你都語帶有禮抱怨了，對方還一副把你當壞人的話，那他們才有問題。

◆客訴後，還是最好給小費，除非服務生對你莫名態度不佳。假如你真的因為得抱怨而感到緊張，記得，該給的小費還是要給。

◆客訴時應面帶微笑，千萬、絕對不要提高音量。倘若你真的大暴走，那你就先輸了。

◆請記住，你付費買對方的服務，而不是免費請人幫忙，所以客訴並不代表你毫無感恩心。

典範人物　公車不讓座，國家有進步
——民權鬥士羅莎・帕克斯

羅莎・帕克斯（Rosa Louise McCauley Parks，一九一三年二月四日至二〇〇五年十月二十四日）是美國民權鬥士，常被稱為「民權運動之母」。

羅莎出生於阿拉巴馬州，在蒙哥馬利的郊外長大。一九三二年，羅莎與雷蒙・帕克斯（Raymond Parks）結婚，當時他是美國全國有色人種協會（NAACP）的成員。結婚隔年她重回校園，拿到高中文憑，因為她十一歲時為了照顧媽媽和奶奶而必須輟學。接著她在一九四三年成為有色人種協會蒙哥馬利分會的秘書。她於自傳中寫道：「我是分會裡唯一一位女性，當時會內需要一名秘書，但我實在不敢拒絕。」

羅莎積極作為的起點和終點其實並不是公車抵制運動。一九四四年，早在公車抵制運動之前很久，她就以分會秘書身份參與調查阿拉巴馬州阿布維爾市的蕾西．泰勒（Recy Taylor）輪姦事件，蕾西也是黑人女子。她幫助蕾西組織平等司法委員會，而後《芝加哥衛報》形容此次動員為「十年來最有力的平權司法運動」。

當時，阿拉巴馬州的種族隔離政策非常殘酷，在生活中各方面都根深蒂固。蒙哥馬利長久以來有一項法規，規定大眾交通工具的座位必須實施種族隔離，售票員有權指派座位分配。根據實際條文，假如公車太擠或是沒座位，隨車人員並不能規定乘客必須讓座，但想也知道，如果白人坐位區沒位置了，蒙哥馬利的公車司機們會要求黑人讓座給白人乘客。

一九五五年十二月一日星期四下午，羅莎下班後，在蒙哥馬利市中心搭全美城際線路公車，買票上車後坐在公車後半部有色人種區的第一排座位。

接著公車停靠在某一站，有幾位白人乘客上車，司機注意到有兩、三位乘客站著，因為前面的白人座位區都坐滿了，所以，他把有色人種區的標示牌向後挪，也就代表坐在有色人種座位區靠前排的四位黑人乘客必須讓位給白人乘客坐。其他三位黑人乘客都讓了座，但羅莎還是坐著不動，不願讓座。於是，司機聯絡警察來逮捕羅莎。

在自傳中，羅莎這樣描述事件：「人們總說那天我因為工作太累，所以不願讓座，但根本不是這個原因。當天我並沒有太累，或沒有我平常下班來得那麼累。我那時還算年輕，儘管有些人印象事件發生當下我很老，但其實我才四十二歲。不，我唯一覺得累的地方是，為了一次又一次的屈服而感到心累。」

羅莎被捕後，成為民權運動的指標性人物，但後人將她的故事美化了，因而忽略了幾個關鍵因素，例如其一，當局為打壓民權鬥士們，祭出經濟制裁，所以羅莎失去了她在百貨公司的工作；其二，羅莎的丈夫被迫辭職，因為他老闆禁止他討論妻子和她的法律官司。儘管如此，羅莎仍繼續為民權而奮鬥，等到高齡九十二歲離世時，她已成為世上數一數二知名的民權鬥士。

重點在於：羅莎拒絕讓位，這當然不是一種粗魯，她純粹在做對的事，對得理直氣壯、無可厚非、妥妥當當。但是，在羅莎周圍的人眼中，相信白人值得獲得比有色人種更好的待遇和特權的那些人，羅莎就顯得粗魯力滿點。有時候，這就是粗魯力的重點：你必須誠實行事，然後相信自己的判斷是對的。你我之中絕大多數永遠都不會做出像羅莎一樣勇敢的事，也不會像她一樣對世界做出哪怕只有一丁點的改變，但我們可以像羅莎一樣，維持對周遭生活環境的分辨力，知道哪些公平、哪些不公平，並依此做出相應行動。

第七章

職場篇

十幾歲的時候，許多女孩都會在放學後工讀或週末去打工，如同一種成長儀式。我人生中的第一份打工是在我家附近的鄉村商店，也是在那時，我首次嘗到苦果，知道要是害怕發揮有話直說的正向粗魯力，後果會有多慘。

我的工作很簡單，負責顧櫃台，店裡賣的東西從糖果到海綿應有盡有，時間是每週六下午兩點到五點。起初都很順利，直到第二次輪班的時候，同事告訴我說每個員工每次輪班的時段可以免費拿一瓶飲料。其實不錯，考量當時我的時新只有不到四美元。既然她都這麼說了，我就開了一瓶健怡可樂喝，接著不意外，我很想去洗手間，可是，我不想要顯得很沒禮貌。

儘管我們每一個人都會內急，但當時在我大腦迴路裡，就是覺得開口直說我想去上廁所，是很羞恥、不該說出口、是很粗魯的言行。我不知道廁所在哪，也因為覺得如果直接開口問廁所在哪裡，會很尷尬，所以一直沒問。所以那一班我憋得有夠痛苦，等到一下班我立刻火速往家裡衝。不幸的是，二十分鐘的腳程我的膀胱實在凍未條，只好在路邊的樹叢堆就地解放，我向你保證，這經驗很丟人又不舒服。

你以為在樹叢尿尿的羞恥感足以給我一計當頭棒喝：寧可直說顯得粗魯，也不要飽受身心煎熬。但可想而知，我沒學會教訓。我花了十多年的歲月，直到出社會才知道有時發揮粗魯力有其必要。在我終於頓悟之前，我容忍一位老闆稱呼我「那個誰」或是偶爾叫我「那個大奶的」；我容忍別人把我想出來的點子拿去居功；我在開會的時候都惦惦不講話；無酬無補貼加班我也忍下來；他人批評我的穿著打扮我也不敢回嘴；我從來都不要求加薪或升遷。凡此種種，不勝枚舉，而也不是只有我在職場裡這麼苦命，全世界的女性都有類似的經驗。

請叫我正確的本名，謝謝

大學畢業後，我在倫敦中部一家公關公司當接待，工作內容是接聽電話、幫會議訂外燴、會議室場佈和場復、管理辦公室的行程。在這家公司做了六個月，我對職員們投以禮貌的微笑，而那些西裝筆挺的人離開會議室後，留下一個個裝有嚼過口香糖的咖啡杯，桌上散落著用過的衛生紙，椅子上丟著香蕉皮，地上到處是餅乾包裝紙。但我從來沒想過，要請這些每天和我一起打卡上下班的同事，把自己用過的衛生紙丟進垃圾桶裡。

在我離職之前，我也容許同事們叫我小名——貝琪，而且還是每、一、天喔！只要你的名字超過兩個音節，人們看似就無法忍住簡稱你名字的衝動。我本名叫蕾貝卡，偶爾身邊的人會叫我貝可絲，可是我實在不想別人叫我貝琪，我對於「貝琪」這個名字沒有偏見，只是，這就不是我的名字。

如果有人叫錯你名字，而你糾正他，應是再簡單不過了吧，像是「噢，不是查理喔，我叫查爾斯」。只要簡單講幾個字，就能避免被叫錯名字。可是，如果你從小就接受大人教育你要把照顧他人的感受擺在自己之前，不要造成他人內心不舒服，那麼光是開口說出「這不是我本名」就夠難了。

三十五歲的娜塔麗是在倫敦工作的建築師，她說：「我在現在公司任職六年了，在我還是菜鳥新員工的時候，有個誰叫我娜堤，然後我的稱呼就這麼沿用下去了。不管是誰，都叫我娜堤，就算比我小十五歲的實習生都這樣叫，公司裡人人都叫我娜堤。一開始我覺得自己還太菜，不敢說什麼，免得顯出自己一副很老氣又或是不尊重別人的樣子。過了一段時間我升遷了，又感覺到不管要說什麼，都很不安，怕說如今我變成主管，所以規定大家要叫我本名，展現新氣象。最後我離職了，到新工作任職之前我向自己發誓，再也不會讓任何人亂叫小名，只能叫我本名。」

她接著說：「報到第一天，就有人問我的小名是不是娜堤，我當時有深吸一口氣，並說：『不是喔！』但他們還是叫我娜堤，我總不能粗魯地回嘴：『才不是！我叫娜塔麗。』畢竟我才剛到新環境新工作，我需要大家喜歡我，直接請同事叫我正確的本名感覺是很粗魯的行為，所以我說不出口。之後都待到第三年了，人們還是叫我小名。」

相信一定會有人覺得，別人沒經過你同意就亂取小名，這還好吧？可是，小名之所以稱為小名，就是貶低你的大名，顯得你沒那麼重要。在一個女性還沒達到同工同酬的世界裡，一些簡單的小事，例如稱呼你本名，用更成熟、更篤定的口吻稱呼你，都能產生影響。

請問如果要跟一個人開會，你覺得聽到哪個名字會比較緊張——蘿絲還是蘿絲瑪莉？安潔莉卡還是潔莉？蘇珊娜還是蘇絲？孩子年紀還很小、還不太會說話的時候，這時父母常把孩子的全名簡稱為一個小名，目的是為了讓孩子容易發音。而用小名稱呼別人，本意是為了展現親和力，但未經他人同意就稱呼人家小名，卻等於是對於對方的一種不尊重。

道歉的藝術

女性比男性更常道歉。這個現象，一點也不意外吧。許多研究已經再三證明了這個現象。二〇一〇年，期刊《心理科學》（Psychological Science）的一篇研究指出，女性之所以如此，是由於「女性對於冒犯他人的行為定義門檻較低」，所以更有可能認為自己應該要道歉。一點也沒錯！

走筆當下，是下午二點四十五分，我今天到現在已經為以下這些事道過歉了：自己打開公寓大門時差點撞到門外的人、進地鐵車廂差點撞到的人、向店員索取一個外帶咖啡杯蓋的時候，以及為了我的團隊應完成卻沒完成的公事而道歉。但我卻老是在想，我不該一直把「對不起」掛在嘴邊。

想要在職場生活裡發揮正向的粗魯力，說的比做的還容易。若你的言行舉止出現任何明顯的變化，都會讓你身邊的人覺得困惑。想要在日常生活少講一點「對不起」，固然是個偉大的目標，但相信我，實際上幾乎是不可能的任務。可是，你可以馬上做到的是：改變道歉的方式。

為了你真的做錯的事道歉，這樣很棒，承認自己的失敗，是擁有力量的表現。然而，女性傾向把「對不起」當成一個籠統的詞，往往實際上想要表達的是「謝謝」。要是你可以刪除那些「對不起」，就能顯得比較有能力。比起說「抱歉讓您久等」，不如說「謝謝您這麼有耐心」；與其講「不好意思，我沒聽懂」，寧可講「謝謝您花時間向我解釋」。如此一來，你仍舊承認別人幫了你的忙，但又不會一副「都是我不好」的樣子。你的感謝對象也會明白，你有看見他的努力，但同時，你也不用為任何沒有必要道歉的事而道歉。

電子郵件的藝術

從電子郵件就可以看出，我們究竟有多害怕發揮正向的粗魯力。許多人在寄發的信件裡，會使用自我貶抑的詞句，例如「我不是專家」或者「是否有機會可以……」

Google前員工艾倫．派特里．萊昂絲（Ellen Petry Leanse）在LinkedIn發表過一篇文章，描述自己私下做了個實驗。她發現，一起共事的女同事在工作的時候，一直使用修飾詞「只」，例如：「我只是想問一下」、「我只是正要編輯那份檔案」、「我只是在想」。萊昂絲說：

會議室裡青年創業家坐好做滿，男女各一半，我問了其中兩位，一男一女，請他們花三分鐘在大家面前分享自己的新創公司。我先請那兩位離開會議室，到外面準備一下，等他們一走我馬上要求聽眾，接下來偷偷計算一下兩位講者各講了幾次「只」。女講者莎拉先上場，聽眾的筆移動得飛快，有些人算出共五次，有些人說是六次。接著換男講者

保羅登台，台下鴉雀無聲，筆只有動過……一次而已！公布計算結果後，就連兩位講者自己都驚呆了。

二〇〇六年，卡蘿．瓦樂絲基（Carol Waleski）在英國期刊《電腦溝通媒介》（Journal of Computer-Mediated Communication）刊出名為〈驚嘆號之電腦訊息之運用——以男女性別為研究對象〉的文章，結果顯示女性在電子郵件中，比男性更傾向使用驚嘆號來營造和緩的語氣。到底為何？因為驚嘆號可以令語氣聽起來自信而熱情，而不是決絕和挑釁。「謝謝你！」讀起來比「謝謝你。」來得輕鬆、沒那麼嚴肅。研究總結出，比起口頭對話，女性更擔心書面溝通會帶給他人的印象。如某條瘋傳的推特寫道：「每位偉大的女性背後都有另外四名女子，在她們有空的時候，幫那位女性迅速校對郵件用字。」

二〇一七年，一位名為馬丁．史奈德（Martin Snieder）的男子不小心誤用到女同事的簽名檔，而後他注意到收件人的回覆明顯改變。出於好奇心，他在那一週繼續以女同事的簽名檔寄信，一來一往的過程不禁讓他在推特寫下：「根本就在十八層地獄，收件人質疑我問的或提議的每一件事！我（以前能順利應付）的客人顯得態度倨傲，甚至還有其中一位問我是不是單身。」

針對兩性在郵件書寫的差異，一些外掛程式已經能幫寄件人畫記或標記每次使用的修飾語詞，像是「只」、「快」、「不好意思」、「我覺得」。可惜，就算安裝外掛程式抓出不必要的修飾詞而使得你的郵件讀起來更自信、陽剛（或者更直白）並不是個萬用法。二〇一七年，記者艾蜜莉雅．泰特（Amelia Tait）在《新政治家》（New Statesman）寫了篇文章，鉅細靡遺介紹大量的個案研究，探討女性若是拿掉那些「委婉陰柔的詞語」，轉而使用「較陽剛的詞語」，會讓人覺得冷漠或有侵略感。她提到：「女性能打贏這場郵件之戰嗎？少了驚嘆號，讀起來可能有點粗魯，但使用的話，又可能看起來很不專業。」

當然，你也別擔心啦，你還是可以好好去上班，做好自己的工作，然後下班回家，不會有人因為你郵件內的語氣或在電梯裡的微笑程度來評斷你……只不過，現況並非如上述美好。職場對女性而言，並不總是友善，特別是對直白、粗魯力十足的女性更不友善。實際上，有一系列的用詞想要把女生趕回「她們該待的位置」，這些字詞只用來形容那些不肯乖乖當個「非常有禮貌」女性的人。

- 母老虎
- 臭婊子
- 難搞新娘
- 最毒婦人心
- 驕傲女
- 長舌婆
- 貪得無饜
- 公主病
- 大姨媽來情緒失調
- 神經質
- 固執

・聲音尖
・河東獅

社會用大量的言詞來羞辱那些總是看起來臭臉的女生，所以我們女生在信中使用營造興奮雀躍感的驚嘆號，並在信件結尾寫下：「真心希望你一切都好！」這有什麼好奇怪的嗎？

惡性循環不斷下去。我們像辦公室甜心一樣寄送電子郵件，害怕語氣無禮，所以就變成大眾期望我們的那樣寫郵件。信中沒有使用笑臉表情符號，或沒在信件裡寫「希望好天氣為你帶來好心情」的女生，人們會認為她們過於冷淡。

要改變女性在職場上，又或是在整個世界裡，所獲得的對待，並沒有簡單的解法，也不是揮一揮魔杖就辦得到的事。發揮正向粗魯力的確有時代表人們會認為你冷冰冰的，或者你就是那種擊碎男人自信的女強人。這真叫人沮喪。

女生說破嘴都沒用，男生一開口就成功

假如你是辦公室上班族，就算你不知道現在有個專有名詞叫 hepeating，你也可能已經遭遇或見證過了。這個詞是在二〇一七年由天文學家妮可．古格柳奇教授（Nicole Gugliucci）所創發，接著廣為流傳，意思是「當一名女子提出某個建議，沒人鳥她，但同一個建議由男性覆述，大家都會覺得這想法也未免太棒」。經典情境是在會議裡，某個男性發言的起手式為「我接續（你的名字）的話來說……」或「剛才（你的名字）提到的想法，我覺得我們可以……」

你可以把 hepeating 當作是一個小小的職場屁事，但問題是「功勞都給男生捧去」會大大影響你升遷，因為開會的人都只記住最後發言的那名男子（覆述者），而不是先提點子的人（你）。

二十九歲的克拉拉說：「在我的大學研討會裡有個男生，他從來都不讀指定書目，我覺得沒什麼，要不要讀是他的家的事。可是每次討論時他不肯靜靜安分坐在位置上，讓我

們有讀的人充分討論，他反而會一直覆述我們講過的話，然後導師只是很開心接受他的論點，認為這傢伙應該是某種天才。實際上他只有統整我們的討論精華，然後再換句話說出來。不得不說，很多問題得怪罪在這名導師身上，他有意無意忽略他的鸚鵡覆誦行為，讓這傢伙老是拿高分，總是在小組作業的時候，和最優秀的同學分到同一組，然後通常不花什麼力氣，就能順利通過。」

克拉拉接著說：「看他使用這個套路久了，我真的受不了，所以每次他如果覆述我的論點，我就會直勾勾盯著他眼睛，再重述我說過的話。我們不斷來來回回，直到導師叫我們停下來。那傢伙終於停止從我手上偷走分數，我有種自己很像打了漂亮的一仗的感覺。」

在職場上，要處理「男性捧走功勞」這個問題，會比大學環境來得棘手，因為在工作崗位上，我們都應該表現像個成熟的大人。偶爾碰到幾次「男性捧走功勞」，你可能還能睜一隻眼閉一隻眼，但若你遇到一位老是死皮賴臉的覆述男性，那你大可搬出冰冷的笑容，回之以顏色：「對啊，這就是我剛剛說的。」

二〇一七年美國CNBC電視訪問哈佛公共政策教授暨行為經濟學家愛里絲・邦妮

特（Iris Bohnet），她同時也是《這才管用——打造性別平等》（What Works: Gender Equality by Design）一書的作者。主持人問她，如果女性面臨男性捧走她功勞，她該怎麼做。邦妮特建議，打擊職場「異性捧功勞」最好的方法就是召募同事為你應援。亦即，假如你莫名受到委屈，有一小群同事會幫你辯解。

邦妮特解釋：「要謹記，把功勞歸給最先提出看法的人，無論男女，都可以成為同事的應援團。」邦妮特提倡一種彼此應援的互助模式，當你受委屈的時候有人會為你應援，同樣，若發生在別人身上，你也要為她們挺身而出。所以，與其讓遭殃的人說：「那個，現在輪我發言，請別插嘴」、「你偷了我的點子」，不如站出來為她說話：「請尊重現在是某某某（同事的名字）在講話」、「沒錯，我覺得這是某某某（同事的名字）剛剛說過的內容。」藉由幫他人代言，你不只不會被指責在自我推銷，也會建立一套人際網絡，為彼此發聲和應援。

為了阻止男性偷走我們的發想，並把它們占為己有，我們是否需要走到這個地步、做這麼大的努力？未必。可是，我會在這裡搬出邦妮特教授的說法，就是希望我們各位可以發揮正向粗魯力，讓生活過得更容易些，亦即正面處理事實，而不是空談。

薪水怎麼談

人們常有一種誤解，認為女性不擅長談加薪，所以造成兩性薪資差距。事實是，女性的確要求過加薪，但她們用的方法通常都沒效。本書稍後我們還會更詳細討論金錢和正向粗魯行為的問題，但現在既然要討論職場上的正向粗魯，就必須先談談加薪這個主題。

對於那些害怕被貼上「粗魯女」標籤的人，要求加薪肯定是非常痛苦的事。你得走近那個給你工作、忍受你表現失常、付你薪水的人，然後告訴那個人：公司應該付我更高的薪資。要求加薪會使你覺得自己好像是被寵壞、是自以為是、不知感恩的人。當然不是這樣。可是若你沒有向公司提出至少小幅加薪的要求，你該怎麼面對通貨膨脹？到最後說不定掙的錢還比剛入職來得少。「害怕表現得很沒禮貌，很粗魯」這件事，不能用邏輯來看，它乃是出自我們內在的一種本能，每當我們做出「可能會讓別人覺得我們很粗魯」的言行舉止的時候，就會感受到這股恐懼。

幾年前，我在報社工作，我已經為公司賣命好幾年，累積不少經驗，表現也不錯，很勝任自己的工作，對當時事情進展也很滿意。直到我發現，我比我同事領的薪水還低，然後我的每日工資費率幾乎是英國記者工會——全國新聞記者工會（National Union of Journalists）建議薪資的一半。所以，擔心了兩週後，我問我的直屬上司，我可不可以向公司高層提出加薪。上司同意後，我接著寄信給大老闆：

親愛的（大老闆的名字），很抱歉我必須這麼問，我想請問一下，我有沒有可能和您討論一下我的日薪費率計算方式呢？我覺得我是工作團隊最有價值的一員，我的工作量很大，況且我入職也快滿兩年。我全然理解你的難處，但我還是很希望有機會能和您討論。

現在回首，覺得我的說法不太有力道，但多虧那一位仁慈的大老闆（而不是我提出加薪的勇氣），最後我真的得到了小幅加薪。雖然我的日薪費率還是低於工會建議薪資，但我對自己的大膽感到驚訝，那是因為我從沒想過自己會衝去談判。

不過，有時女性會因為要求加薪，反而使自己陷於不利的地位。《女人都不問》（暫譯，Women Don't Ask）的共同作者莎拉·拉舍維爾（Sara Laschever）提到，在談薪資等議題的時候，太過強勢的女人通常會讓人覺得咄咄逼人，而往後她也將會為這揮之不去的形象承受後果。

她們往往會遭到拒絕、被社會排斥在外。其他女性看到慘狀，了解到如果像這些女性一樣有話直說，後果實在很恐怖也很冒險。她們甚至認為，與其主動出擊，不如默默等待升遷、加薪、好專案。

二十七歲的米莉向我分享她的經歷，完全符合上述拉舍維爾所說的內容：

我從藝術學院畢業後，做了幾個月的免費實習生。然後上司告知我接下來的工作有酬勞了，我簡直開心得要命。接著，我看了一下工作條件，發現還低於基本工資，而且沒有休假，也沒有員工福利。所以，我先花一整天的時間做心理建設，然後走去重新談薪水。不料老闆告訴我，他很意外，我這樣做傷透了他的心，而且對他這麼不友善。他還跟我說，他是從他自己私人的口袋掏出薪水給我，想不到我還要求更多，這對他是一種侮辱。可是他給我的薪水根本不夠應付我的日常生活啊，所以我只好離職。

接下來幾年，我很怕提加薪，因為我以為這就代表我的老闆會開始嚎啕大哭，然後告訴我說我有多不禮貌、多不知感激。

真的是進退兩難，對吧？由於你我沒有要求加薪，所以兩性薪資落差是我們自己的錯。但當我們真的要求加薪的時候，我們就儼然成為驕傲的婊子，還需要別人提醒自己算哪根蔥，或我們是被寵壞、不懂得惜福的孩子，根本不是真的在意自己的工作。這種無限輪迴，真的無解。

但其實是有解的，你可以猜猜看正解，沒錯，就是：正向的粗魯力。我們大多數人得到的教育是，金錢是個終極禁忌話題。其實，它不應該是。不妨把你的不自在（還有你同事的不自在）拋在一邊，問問你其他同事的薪水領多少，如此一來，等你推開上級辦公室的門，要求加薪，才有證據可以支持自己的談判。

雇主討厭他們的員工直接互相公開透明討論薪水，這是有充分理由的。經常互相討論薪資的員工們，更容易向老闆提出加薪，提出後更容易成功。只要女性還必須忍受性別歧視和不公平的薪資待遇，必須忍受「談加薪就表示自己不夠熱愛工作」的偏見，那最好的辦法就是「集體安全」，大家同舟一命相互支援。如果每一名女性都能夠團結起來要求加薪，沒有人會犧牲，遭人們貼上「她似乎不是很喜歡自己的工作」的錯誤標籤。

頤指氣使的女人

有時人們會用「頤指氣使」這個詞來形容小女孩在組織、領導某件事情的時候的表現。其實，這樣是用負面消極的眼光來看待女性的領導能力。雖然如今有許多刻板印象獲得扭轉，許多年輕女生受到的教育仍是「不要展現領導特質」，使得許多女孩子長大後，在職場接任管理職位，往往會覺得不自在。

的確，市面上充斥許多女性害怕當老闆的充分理由。女商（Female Quotient）的執行長雪莉・札莉絲（Shelley Zalis）在《富比士》雜誌上撰文提到：

> 洛克菲勒基金會針對媒體報導企業執行長的新聞內容加以分析後發現，媒體報導女執行長的私生活多過於男執行長，而且有百分之八十的新聞報導將公司轉型失敗的肇因歸咎於女執行長，男執行長的比例只有百分之三十一。

但除了所謂的「玻璃懸崖」（用來形容經營欠佳的公司引進女性總裁意圖振衰起敝，結果公司沒救了，大家都責怪女性總裁），女性執行長們有時似乎會展現出身為領導人的不自在，原因通常來自公司內部的厭女現象。在我聽到「老闆」一詞，內心總會有一部分的我，看見連續劇《廣告狂人》主角唐・德雷伯（Don Draper）在角落的玻璃辦公室喝著蘇格蘭威士忌的這種男性角色。這是一種偏見，而且當女性獲得領導職時，這種偏見就會露出醜惡的一面。其實，有一種簡單的方法，可以重塑你對權力的認知：留意自己身邊有哪些人。我試著在社交媒體上追蹤許多商場女強人，而不是只有追蹤那些穿著貼身瑜珈褲的漂亮女人。這麼做是因為我讓自己每天都能接觸到職場專業女性的故事形象。儘管只是個小改變，但社群媒體有巨大的能力，可以形塑我們對世界的認知，也是一種即時重新集中注意力的方法。

關於罪惡感

三十一歲的諾拉在金融業工作，她從小到大都是人生勝利組，高學歷，打敗很多競爭者而加入應屆畢業生培訓專案，一路往上爬，如今在一家銀行位居管理職，比同位階的人還年輕十歲。諾拉剛踏進那家銀行工作的頭幾年，執行長要求她提案升遷自己，好取代當時管理她的上級。諾拉對於這種以下犯上的做法感到不安，她告訴執行長說，自己目前還沒找到工作和生活的平衡，還不太能勝任。可是執行長向她保證，工作量並不會多太多，因為她可以指派工作給團隊的其他人做。

諾拉收到執行長訊息的當下，我倆正坐在露台上喝酒，她告訴我，她覺得很罪惡。諾拉坦言：「有另一位大概四十五歲左右的男性，自薦這職位，他有幾個小孩要養，還有貸款要還，比我更需要錢，要是他沒有馬上升遷，那他可能就此永遠沒機會。」

我給她一個好閨蜜的良心建議：接下這個挑戰，因為她配得上如此待遇。不過後來她還是回公司婉拒了執行長的美意。想不到的是，她的上級們決定，為了鼓勵她出任新職，將給她額外加薪。整個情況對諾拉來說，很像變得更完美：更多的薪水、專屬辦公室、一個擴編的團隊，美夢成真。所以，在問完身邊朋友意見一輪後，諾拉就這麼答應開出來的條件。

她在工作領域順風順水。可是，等到我下次和她約見面，她整整遲到兩小時，看起來整個人累到爆。那時已是晚上九點，是她那一週最早下班的一天。在我追問後，諾拉才跟我說，她在上班時間做自己的份內工作，然後留下來加班，把團隊成員做不好的事砍掉重做，或是撿他們沒時間做的工作來做。她還幫她的副手——就是當初也自薦爭取諾拉現在職位的那個男生——完成他的工作，因為諾拉一直覺得對他有點愧疚。她向我坦承：「他應該很尷尬吧，最後那個職位給了我，我不想罵他沒把事情做好，他知道我不會對他說什麼，所以反而像吃定我，常常把事情亂做。」

諾拉的例子不只是茶餘飯後的小故事，就在我執筆當下，諾拉每週的工時依舊維持在八十個小時，每晚只睡五小時，還覺得自己參加的馬拉松訓練就像是一種「休息」。她和我拍胸脯說，她現在越來越敢告訴下屬：你們哦，自己的事情自己要做好。不幸的是，一旦你打造出一種「老闆會幫下屬擦屁股」的辦公室文化，就幾乎回不去了。

已故名導演、編劇、演員奧森・威爾斯（Orson Welles）以前在製片的時候會故意雇用一些人，然後在這些人上班的第一天就開除他們，以此來表現出自己是電影界的認真硬漢，和他一起工作的人必須兢兢業業。雖然以他為例又有點太偏頗，但你可以明白奧森・威爾斯的江山是怎麼打下來的。如果諾拉當初一口就答應接下要職，好好展現她的領導風範，那就不會落得現在的下場：那些照理說該把自己的報告寫好、該買咖啡給她喝的下屬，如今諾拉卻還在幫她擦屁股。

如何使用正向粗魯力：職場篇

◆有人叫錯你名字，當天就要糾正他，不要等到一週後才講。

◆把任何高風險的事都記錄下來，所以要是有人對你說話不客氣、尖酸刻薄，你就能拿出證據還自己清白。

◆詢問上司薪資級距，鼓勵職場人人收入透明化。如果你覺得沒有得到相應的薪水，想都不用想，直接和主管提加薪。

◆談加薪可能會讓你感到有壓力或害怕，但請記得，除非你們公司真的太小，否則只要你爭取到每年加薪兩千美元，對你的生活就有莫大的改變，但對公司的整體支出只是個小零頭。

◆過勞不是開玩笑：假如你公司把你逼太緊，又或是設定太緊迫的工作時程，你應該如實反映。

◆譴責那些有性別歧視的人並不會讓你淪為笑柄，你還是可以面帶微笑地告訴他人：話不能亂講。專業建議：要是有人在辦公室拿性別開玩笑，假裝你沒聽懂，然後請講笑話的人自己解釋，繼續假裝聽不懂，直到他們掉進自己挖的大坑裡。

◆別人比你年長或資歷豐富，不代表他或她就能對你不尊重。

典範人物：美國反骨樂壇天后泰勒絲

如果你是山頂洞人，不知道泰勒絲是誰，容我先介紹一下。她是個獲獎無數、演唱會場場爆滿、單張專輯賣超過兩百萬張的白金專輯創作歌手，她十四歲的時候，說服爸媽從賓州搬到納什維爾住，好讓她能夠在樂壇闖出一片天。

她喜歡烤餅乾，身兼貓奴鏟屎官，她有時就像巧克力軟糖布朗尼一樣甜，會邀請粉絲去她家一起聽她寫的歌。她喜歡自家烘焙的食物，喜歡她家的貓貓們，還有她媽媽。泰勒斯小時候在賓州的家，是一座聖誕樹農場。比起其他音樂圈的女性歌手，當她挺身捍衛自己身為藝術家和創作人的權利的時候，她總是勇敢拿出正向的粗魯力。

二〇一五年，蘋果音樂決定提供用戶體驗音樂串流服務，前三個月免費試用期，所以在這段期間，有在平台上架歌曲的歌手拿不到任何權利金。泰勒絲公開抨擊蘋果公司，表示除非蘋果付她權利金，否則不提供蘋果用戶她的任何音樂。當時泰勒絲已是知名歌手，具有很大的影響力，也因此，蘋果必須改變計劃，付費給創作人。

二〇一九年六月，泰勒絲所屬的原唱片公司「大機器唱片公司」的老闆史考特・波切塔（Scott Borchetta）把公司賣給綽號「摩托車」的企業家史考特・布勞恩（Scott "Scooter" Braun）。消息一出，對泰勒絲來說簡直是惡夢，因為「摩托車」先生在二〇一七年泰勒絲與饒舌歌手肯伊・威斯特及金卡戴珊夫妻檔爆發爭執的事件中，曾經公開嘲諷泰勒絲。換老闆後，所有泰勒絲曾在大機器唱片公司錄製的歌曲所有權，如今扎扎實實落入她討厭的人手中。這口氣真的很難嚥下，因為多年來累積的歌曲，訴說著她的生活、感受，還有一路以來長大成人的心理變化。更令她難以忍受的是，這一切是當年十五歲的她，簽下一紙合約的後果。許多站在舞台上的人，或許會在私下為工作而苦惱或哀傷，可是站在人前絕對會拿出笑容裝沒事，免得讓之前一起工作的人生氣。但泰勒絲可是什麼都不怕。

原公司出售的消息一出，泰勒絲就發表一份聲明，內容寫著：

我和全世界同時知道摩托車先生買下我原屬唱片公司。我滿腦子想的都是，這麼多年來，我所受到來自這位摩托車先生永無止境、直接和間接的霸凌。

就像先前由金卡戴珊策畫、洩漏一段非法錄音通話內容的事，摩托車先生就讓他的兩個客戶一起在網路上霸凌我（詳見照片）；又或是他旗下藝人肯伊·威斯特設計一部報復性質的情色影音，在影片中把我弄成一絲不掛的樣子。現在，這位機車先生又剝奪我畢生心血，我甚至沒有機會買回自己的作品母帶。最重要的是，我的音樂財產即將落入曾試圖摧毀它的人之手。

這真是慘到不能再慘的情況。這就是當你在十五歲時把自己簽給別人會發生的事——而且對那個人來說，忠誠兩個字只是合約上的一個詞而已。這個男人口中說的「音樂有其存在價值」，他真正的意思只是，所謂的「價值」竟然是受制於那些根本沒有參與創作的人。

不出所料，那些高層的生意人對泰勒絲的公開引戰非常不滿。引戰文發表的五個月後，泰勒絲又公開另一則聲明，指出自己私下已用盡所有步數與對方談判，且大機器公司正試圖阻止她在全美音樂獎演唱自己為此所編寫的金曲串燒。她籲請全球百萬粉絲向大機器公司與摩托車先生抗議，並向摩托車先生旗下藝人施壓，不要容忍他諸如此類的霸凌行為。

泰勒絲的舉動非常大膽，就連我這位搖旗吶喊宣揚正向粗魯力的人，讀到她的聲明都不禁大吸一口氣。她毫不留情，把她名氣的全部能量都拿出來壓向他們，以阻止這兩位男人繼續手握她的創作，扮演上帝。泰勒絲的反抗全然奏效。大機器唱片公司答應她可以在全美音樂獎演唱自己為的金曲串燒，且日後泰勒絲可以重新錄製、詮釋她以前寫的歌，也擁有這些作品的母帶。

你我或許無法辦到像泰勒絲這個地步，談白說，我們全都做不到，因為我們沒有百萬粉絲、沒有門票全數售罄的體育館演唱會，名下也沒有多棟房子。可是，全世界的女子都知道，看著別人（通常這個「別人」指的是一名男子）從我們的作品換得一張張鈔票的感覺。又有多少次，諸如此類破事發生的時候，你敢為自己發聲，而不是眼睜睜被壓著打？

誠然，女性若敢「踰矩」，通常逃離不了「接受懲罰」的魔掌。泰勒絲由於拒絕緘默，所以一直以來一次次遭新聞媒體、社群媒體，又或是其他名人追著打。可以想見，網路上到處都有人評論說那是她自找的，誰叫她當初要簽約，她應該乖乖閉嘴，這樣大聲嚷嚷最後還不都是個屁。但是，重點來了。無論泰勒絲唱的是背著他偷吃的那些男孩，或是透過歌詞道盡朋友怎麼整她，又或是指責不願意付她該得的錢的各大跨國公司，重點是，她從來都不願意默不吭聲。而這正是未來你我在生活中都可以效仿的做法。這也顯示出她抬頭挺胸、不讓大機器公司與摩托車先生作威作福，有多重要。

正如泰勒絲展現給我們看的，你不需要在「當好人」和「當個粗魯人」之間做選擇。泰勒絲可以烤薑餅送粉絲當禮物，但她也可以讓那些有權有勢的男人拿她莫可奈何。她想唱自己寫的哪些歌，就唱哪些。她可以同時性感又嚴肅、堅決又柔軟、美麗又專業、粗魯卻又保持善良，你也辦得到。

第八章
錢錢篇

錢錢和朋友

在職場上談錢已經夠可怕了，但跟朋友談錢，往往更可怕——只要仔細觀察一群人在餐廳裡怎麼分帳，你就知道這是多可怕的事。儘管人人都知道吃什麼就付什麼較公平，但常見狀況是所有人均分總餐費，於是只點了配菜沙拉和一杯水的人，也得去攤另一個人點的豪華菲力牛排和一杯二〇一一年份馬爾貝克葡萄酒。或許你因為收入高，所以不在意這樣，但如果你恰好連自己家的水費都繳不出來，為了這餐在思考要不要晚點繳，或者正在思考要不要說出「大家各付各的好嗎？」那麼我想你可能就沒這個自信提出「各付各的」這種要求了。其實我們不應該因為「身為朋友群中收入最少的那位」而感到羞愧，但大多數人都會這麼覺得。

沒幾個詞比聽到「生日聚餐趴」更讓我害怕的了。我最近才剛去一家倫敦市中心新開的超高檔餐廳參加生日晚宴，先前好幾場生日大餐吃下來，我已經窮到吃土，真的沒有心情參加那場高檔晚宴，而且我認識的朋友都沒要去。無論如何，出席者還是擺出笑臉現身，大家都有共識只要點個幾盤分著吃，吃少一點，那麼平均一人大概不超過五十美元吧。

我們預估數字應該沒錯，但偏偏有人帶女友來。那位女伴，我們就叫她「珍」好了，來的時候說她不餓不餓、沒要點餐，結果等到食物上桌後，她從每個人的主菜都挖走一點，還乾掉四杯葡萄酒。吃完飯後，她那桌的人決定珍不用買單，因為她「啥都沒吃」，我們其餘人都為了帳單上的數字咬緊牙關、試著忽略那四杯貴桑桑的酒費，拿出我們的卡。我們之中，有人閒言閒語些什麼嗎？當然沒有，因為大家都不想發揮粗魯力。

結果是，我們替那位陌生女子吃掉的食物和酒買單，整晚怒火中燒，但還是啥都沒說，而那位壽星女生覺得內心愧疚，我們身為賓客感覺吃悶虧，然後整晚心酸酸。或許那時我們不應該那麼害怕，應該決定勇敢發揮正向粗魯力，禮貌地指出珍乾掉一整瓶酒，請她付酒錢，說不定她根本不介意買自己的單。最令人洩氣的並不是到底她坑了我們多少錢，而是吃完飯後整晚對珍有種怒火中燒的憎恨感。

比起對她氣噗噗，我們反而應該直說：「珍有點酒來喝，是不是該負責酒錢？」要是問完之後她回答她付不出來，那我們至少確定她的立場就是「姐不想買單」，而不是假設她這人行使了負面粗魯力，硬是不出錢，還期待我們幫她出。一般情況下，若你承認自己手頭緊，身邊愛你的人會同理你，然後幫個忙，又或是選不會那麼貴的地方聚餐。但若你沒有臉皮厚一點承認自己想省錢，你身旁的親朋好友就會覺得你很摳。

錢要怎麼借

我大學的時候，有次要買六罐裝的健怡可樂和一些皮塔餅，但卡卻沒刷成。那時還要等一週的時間才會有錢匯進我戶頭，所以我很緊張，卻又對自己理財狀況感到丟臉，加上太好強不願打給我爸媽、太害怕跟周圍朋友借錢顯得很沒禮貌，所以我在一個薪資借款網站借了六十塊美金，年利率接近百分之六千！也就是說，一週後我要還大概一百零五美元——這個數字高到嚇人，但我還可以應付得來。

不幸的是，借款網站的系統出了點小問題，所以時間到了，我的還款顯示沒有成功，代表我要被課一筆六十美元的違約金。事情還沒結束，我又花了五十美元的電話費聯絡那家線上借貸公司，通報我被系統衝康。總之，我因為太愛面子，不敢合理地發揮正向粗魯力，直接問朋友是否可以借我一百五十五美元救急，所以自作自受。

從那次之後，我曾借錢給朋友，也曾在需要的時候請朋友幫過忙，並謹遵一個原則，那就是「永遠不要借出超過自己承受範圍的金額」。畢竟有句俗話說：「不要借人錢，也不要向人借。」實在有其道理。

現年二十六歲的莎拉，兩年前曾借給當時的男友兩千伍百美元幫他還債。她解釋道：「老實說，他沒要求我幫他，可是因為他為了還錢過得很苦，所以我先幫他還，想說之後他再慢慢還我就好。一開始他對我充滿感激，定期定額還我，可是過了不久，還款時間越拖越長、次數越來越少，最後我們為了別的原因分手，借的錢就再也無法全數收回了。」

莎拉接著說：「幾年後，我發現他有一份待遇很好的工作，所以我決定聯絡他一下。我花了兩天的時間擬好一封措辭體貼的電子郵件寄給他，說明我想要拿回他欠我的錢，但我可以慢慢等，不用急著一次還完，我都可以配合。結果，訊息有去無回。

「最後這件事影響了我的心理健康，所以我決定不再追究，可是我還是很氣過去的自己，那時我太膽小，我們剛分手的時候我不想讓自己看起來很賤，所以沒跟他要錢。」

三十一歲的凱特琳，遭遇和莎拉差不多。凱特琳說：「我和兩位女性朋友剛搬到共享住宅，一開始很多費用和雜支都是我在出。那時我覺得一起住很有趣，整個人嗨到爆，所以沒有去討錢，接著，時間越拖越長，我就越來越不敢去跟她們要回來。等我終於鼓起勇氣討錢的時候，她們完全不讀不回，但我又沒那個膽再問一次。所以，到現在，她們還各欠我一百八十美元。」

借個錢也會出問題，而把錢討回來也可能是可怕的事情，尤其是你還沒好好學會如何直白表達，擁抱正向粗魯力的時候。直白談錢雖然尷尬，但還是應該盡量直接討論錢的問題（無論你是借人錢還是借錢給別人）。向朋友追款的時候，不要給人家難看，但也別太晚才向欠你債的人提還錢的事。畢竟，她們可是你朋友，如果是親近到可以借錢給她們的程度（或向她們借錢），那麼在談錢這類話題的時候，你就要丟直球，雙方把話說白。

錢錢與愛情：難啊

要向朋友坦白自己的收支狀況，很難。要向自己的伴侶公開自己的財務，更難。剛交往之初，你最不想要發生的大概就是因為沒錢而無法參加一些有趣的活動，或是兩人在高檔餐廳而你沒有和對方五五分，導致對方覺得你很小氣。不過，如果你在剛踏入一段戀情的時候，沒有在金錢方面有話直說，那你會自討苦吃。

我和我老公剛認識時，我還是一位充滿上進心的記者兼學生兼辦公室打工仔。他比我大十歲，是薪水優渥的專業人士，所以我們之間的薪資差距極大。交往的時候他出手大方，但我堅持不要每次都讓他買單，而是告訴他：「不知道你介不介意，與其在夜店喝三輪，不如就在住處開瓶紅酒喝就好？」後來我的財務狀況越來越慘，而他也因為遭資遣而不得不開始吃土。這時我大大鬆了一口氣（但又對自己這種心態覺得有點慚愧）。對他來說，丟了工作很不好受，但對我而言，壓力的大石終於落地。

談感情的一大部分就是誠實表達自己的各種想要、需求、恐懼，並希望交往越久，上述一切都會越來越順。在另一方面，你和對方在一起越久，財務狀況牽扯就越來越複雜，而這不見得是個好現象。如果你和交往對象同居，或是有很多共同開銷，那很有可能你們就會有個共同帳戶，可是，有件事很重要——開設共同帳戶，必須小心謹慎。

二十八歲的克萊兒，曾和伴侶設立共用資金，結果吃了大虧。「我和前男友交往的兩年間，我們決定要開個共同帳戶，把我們一部分的錢轉進這個帳戶，因為那時我們要同居。」克萊兒接著說：「我必須坦白告訴你，那時的我，根本不確定要不要設共同帳戶，但他說既然要同居就開啊，為什麼不開。我跟他說了我的顧慮，他就覺得我在拒絕他。那時我很害怕自己表現得很自私，或是小氣巴拉，只好答應他。糟糕的是，最後他欠了幾筆大筆的債，他雖然努力工作來還清，但有很多項目是用我們的共同居住地地址登記，也因為我們有個共同帳戶，所以我個人的信用評等連帶受影響。」

她繼續說道：「在財務方面，我一直屬於保守型，超保守，因此，當我看到我個人的信用分數大大降級後，我原本以為是哪裡出問題，但之後我才明白，是因為前男友克里斯害的，我完全嚇呆。我們雙方在當下都不知道他的信用等級會影響到我，而且他也不是故意的，但現在坦白跟你說，那時的我，真的很難原諒他，我原本計畫要買房，卻因為信用等級降級，所以得延後。」

克萊兒講著：「最後我們分手了，要分開的時候，我告訴他，我的信用評等降低，並不是他的錯，可是，這句話不是完全出自真心。我還是對他半強迫我開設共同帳戶感到生氣，我也氣自己沒種，沒膽拒絕。」

一步步陷入泥沼

網路上充斥著各種詐財斂財的騙人案例，或許你不太可能被騙，但被騙的受害人通常是女生，特別是不太會拒絕別人的那種。

比起自己踏入別人佈下的騙局，更常見的是「陷入泥沼」的情形。所謂「陷入泥沼」（mission creep），指的是你在一段關係中付出的錢財越來越多，直到最後你根本完全在供養對方。身為女友，沒人想老是嘮叨著「為什麼最近買菜的錢你都沒出」或「為什麼總是我負責買廁所衛生紙」。你為了要當個處事有條理的人，於是出面開設生活帳戶來支付兩人日常所需，又在下班路上順道購買家用品，可是最後卻換來「變成提款機」的下場。唯一能避免成為伴侶提款機的方法，就是向對方公開你的支出和對他的期望，在你覺得對方沒有負擔他該出的錢的時候，大聲說出來。

當然，你可以成為那個負擔兩人日常開銷的人，但前提是你思考過、心甘情願付出，而且是在自己經濟狀況能夠負擔的情形下。你要避免的是毫無自覺、糊里糊塗成為家戶必要開銷的唯一經濟支柱，只因為你不想成為對伴侶或室友嘮嘮叨叨的那個人。畢竟，任何值得你墜入愛河的人，都會理解你的財務界線在哪，而也有可能對方只是一直沒發現其實生活雜貨、海綿菜瓜布或燈泡都是你在買。要是你伴侶符合上述情形，以為新的衛生紙每隔幾週就會神奇出現，那你就該直白地跟他攤牌——你不僅做家事比對方多，也花了比對方能理解的還要多的錢。

若有人因為你直白說出你的支出情況而給你難堪，那就不值得你跟他有任何財務上的往來。

如何使用正向粗魯力：財務篇

◆你可以告訴別人：「我付不起。」沒關係的，別太擔心。

◆他人的邀約，並不是命令，所以如果這筆支出不在你預算之中，那你可以向對方解釋情況，或者婉拒對方邀請。請記得，說「不」就夠了。

◆在你決定和別人開設共同帳戶之前，問問對方的債務等級和信用評級歷史紀錄。要是對方為此不悅，那你就心裡有譜，而且可能是不好的那種。

◆跟朋友借錢是災難的來源，但有時在所難免。為減少危機，最好白紙黑字寫下來，在寫借款合約的時候，你可能會覺得很鬧，但要是事後有爭議，雙方至少有憑有據。

◆不要勉強自己去買別人想要的東西。

◆負債沒什麼錯，你我都會面臨過這個情況。不必為了自己欠債感到羞恥，反而應該直接說出來。負債之所以會讓我們感到痛苦，原因在於我們允許自己因負債而感到羞恥。

◆相信自己的直覺，如果你覺得自己被敲詐，請勇敢為自己發聲。

典範人物：第一位現代女同性戀者兼包租婆
——安妮·李斯特

安妮·李斯特（Anne Lister）於一七九一年出生於英格蘭，是一位日記作家與商人，她也是一位相對來說性向開放的女同志。

一八二六年，安妮的叔叔詹姆士·李斯特去世後，安妮繼承一棟位於西約克郡的建物，名為希布登公館（Shibden Hall）。在當時，由女性管理莊園房產以連帶的財務事項，向房客收房租，幾乎是難以想像的情況。但安妮做到了，而且管理得很成功。

雖然，說到安妮，最有名的大概是她的同性戀傾向，還有身後留下四百萬字的日記，她是個很有商業頭腦的商人，從不因為種種社會標準與期望而侷限了她和其他商人之間的競爭。

安妮·李斯特的日記用複雜的密碼寫成，根據破譯安妮幾本日記的專家海倫娜·維特布雷德（Helena Whitbread）表示：「她的商業頭腦、多年來累積的豐富知識，包含數學、地質學、工程學，以及用來對付男商人的精明談判技巧，讓安妮成為當時新興的、工業革命的世界中，令人聞風喪膽的女子，正如她與當地一位商人交手，搶奪煤炭銷售權，對方成為安妮的手下敗將。」

安妮·李斯特的日記裡寫：「羅森先生說他從未敗給女性，而如今我讓他灰頭土臉。我很正經的回他，你我之間，最明智的地方是我們在商言商，在性上面也沒有牽扯，或者應該說，商場間根本不該談性。」

日記裡寫滿安妮一次次的性冒險。不可否認，讀過內容就會覺得印象深刻、變化多樣，而且現代得驚人——她甚至曾和另一名女子過著實質上的婚姻生活。安妮忠於自己的性向無疑是勇敢到極點，特別是在安妮因為她的同性戀情史、不同當時的穿衣風格、商場上的大膽，讓她遭受到騷擾和虐待，但她還是堅持下去。遺憾的是，就算過了兩百年後的現在，女性依舊面臨相似的情況。

安妮・李斯特是個完美的典範，說明你我如果能拋開「擔心自己不禮貌」的恐懼，就可以免除多少不必要的麻煩事。假如一位生活在兩百多年前的女子，可以無視反對她的人、無所畏懼建立一個成功的王國（其中有很大一部分是向男性索取金錢），那麼，我們難道不能從她的例子感覺自己也做得到嗎？

儘管沒有文獻記載安妮在社交方面是否夠有粗魯力，但我認為安妮大抵而論是正向粗魯力的代表。她的日記和傳記都清楚指出，安妮根本不在意其他人怎麼看她：她有過一大堆風流韻事，還稱一位她想睡的女子「財源」。而且，可想而知，為了要保護她名下的財產，她必定得非常堅決勇敢。安妮的性生活多采多姿，擁有一個蒸蒸日上的事業，還有令人生畏的名望，這些都發生在還沒有電力的時代。

安妮證明給我們看，假如我們停止浪費時間去擔心別人怎麼想我們，那我們可以達到多少成就。

第九章

健康篇

執筆寫此書的時候，我流掉了一個小孩。

故事要從希臘開始說起。當時趁著老公生日，我們一起去度假，在落腳處的浴室如廁後擦拭，我發現自己滴了幾滴血。在我有生以來，從未完全理解「驚恐萬分」究竟是什麼感覺，但當下，我在希臘的旅館浴室裡，充分感受到何謂驚恐萬分，就像整座建築物的重量全壓在我身上一樣。

我和老公都承認，當下我們無能為力。上網爬文，有人說在懷孕階段出血，很正常（我當時大概懷孕八週），所以我就平躺在床上（以為可以借助重力，幫我留住寶寶）讀著《瘋狂亞洲富豪》的故事，直到眼皮重到張不開。隔天一早，沒有再出血。我心想：「謝天謝地。」

一週後回到倫敦，再度出現出血現象。我覺得，當時我應該對於會發生什麼事，有點心知肚明了。我老公叫了台 Uber，然後直衝到距離我們最近的急診室，到急診室後，我們還排了二十分鐘的隊才到櫃台，當時，我努力忍住不要哭。

我無意抱怨英國的全民醫療服務體系，因為我認為這是英國做得最好的體系，但當我站在急診室的人龍中，感受到醫療工作人員的冷漠、漫不經心、粗心大意，心中無比的震驚。我禮貌地向工作人員解釋自己是孕婦，下部正在出血，需要趕快有專人幫我處理。櫃台人員擺著臭臉，告訴我們可以到等待區等待檢傷分類。候診好長一段時間後，我的理智線快要斷裂了。可是我身在醫院裡，我不敢發揮有話直說的正向粗魯力，因為我覺得能夠獲得這種程度的醫療服務，應該心滿意足了，況且醫生們都超時工作，工資過低。我從小就知道不該抱怨健保，所以這次我也沒抱怨，反而選擇平躺在醫院地板上，再次幻想如果重力發揮作用，我就可以留住寶寶。有沒有道理？當然完全沒有，但在面對可能失去孩子的時刻，很少有媽媽可以那麼理性。

最後，我檢傷分類完，一位護理師告訴我，他無能為力。他說：「要不就是小產，不然就是孩子其實沒事，但今晚我們還不能確定是哪一種情形。」我從地上爬起來站好，帶著一個面臨小產的孕婦的全部尊嚴，直勾勾盯著他雙眼，我說：「我覺得你應該向你的上級要求接受敏感度訓練，因為你今晚對於病患的照護不及格，你讓原本就很難接受的事情變得更難受。」

我從未用過那麼冰冷、那麼含血噴人的語氣又那麼冷酷的表情面對別人。而直到今日，我有時還是會擔心自己是不是做錯了，他可能那天工作很辛苦漫長，也有可能英語不是他母語，所以說不定不知道怎麼組織好語句來表達，但在我內心深處，雖然我覺得有點愧疚，因為我對於醫院工作人員有點粗魯，但我也同時對自己說出內心話感到開心。

要是在那當下我啥都沒說，那麼到今天我可能因為他，內心仍然有一把火在燒。此時此刻我對那位護理師還是很火大，他對我流產只是聳了聳肩，一副像是我問他有沒有看到我的鑰匙在哪，或是問他想不想在他的披薩上加臘腸一樣。我小小念了他一頓或許並不會造成什麼改變，但我還是非常想假裝有改變些什麼。我想要相信，下次有位女子臉上有兩行睫毛膏爬下的淚痕，隨便亂穿就匆匆出門到醫院的時候，他可以試著對她好一點。

儘管我到現在還在對那位無禮的護理師氣噗噗，我知道假如我當時不說點什麼出來，我現在可能還會更比當時來得氣。我已經背負著流產的悲傷，所以至少憤怒的重量稍微減輕一些，如今我也為當時有對他說那些教感到驕傲，因為我以冷靜、適當、實際的方式發揮粗魯力。

婦科看診

有些身體上的毛病只好發在女性，老實說，婦科毛病種類還真不少，但令人不理解的是，這些都是最容易遭到忽略、誤診或是置之不理的，就像是經痛一般。

黑色喜劇《倫敦生活》（Fleabag）有一集當中，演員克莉絲汀·史考特·湯瑪斯（Kristin Scott Thomas）說出了一句驚人的獨白，訴說身為女性的天性和痛苦。她在劇中向菲比·沃勒─布里奇（Phoebe Waller-Bridge）飾演的角色說：「該死的更年期要來了，但也是他媽的最美好的一件事！」

沒錯，你的整個骨盆都變脆弱，身體很容易發熱，但沒人鳥你。另一方面你也終於自由了，再也不是身體的奴隸，再也不是有零件的生育機器。你終於成為了一個人。

容我再度引用劇中台詞：「這不就是最重要的嗎？假如男人身體哪裡痛，就代表哪裡出問題，所以必須要謹慎處理。可是女人身體這痛那痛的婦科毛病一拖拉庫，所以她如果叫不舒服，可能你只會拿止痛藥搪塞她，因為最後很可能不是什麼嚴重的事。或許她身體真的出什麼狀況，但反正就是當女生要接受的。」

許多研究都已指出，一談到身體上的疼痛，男性和女性得到的醫療處置並不同。一份英國急診醫學學會（the Academy of Emergency Medicine）的研究發現，急診室同樣診斷是急性疼痛的病患，女性比男性獲得鴉片類止痛劑的處置還要少；另一份美國馬里蘭大學的研究指出，同樣到急診室，女性比男性不受重視。

還有一份瑞典二〇一四年的研究顯示，一到急診室，女性候診的時間比男性長很多，也往往較少歸類在緊急狀態。

如此差別待遇可能會產生致命後果。二〇一八年五月，法國一名二十二歲女性撥打緊急電話，說她的下腹劇痛，感覺快死掉。接線員並沒有把她的話當真，居然回她：「你總有一天會死，大家都一樣。」這位女性等了五小時之後才送醫，但她中風，最後死於多重器官衰竭。

同樣是身體痛，醫生對待女性病患時，並沒有拿出等同於對待男性病患的態度。這並不是女性的錯，但有些女性把醫護人員對自己的不理不睬看得太理所當然，因此經年累月下來，我們對判斷自己身體出問題的直覺越來越沒信心。我們很常讀到患有多囊性卵巢症候群或子宮內膜異位症的女性案例，上述兩者病症都有經痛和生理期不規律，而看診醫生卻告訴她們，身體沒怎樣，於是她們就繼續帶著慢性疾病過生活。

有色人種女性又比白人女性狀況更慘。二〇一八年，有色人種女性號召在推特上大量分享自己受到他人忽略的身體疼痛和健康問題。愛許莉．弗斯特（Ashley E. Foster）發文說：「我在工作的時候突然眼前一片黑，醫生以為我吸毒，因為我痛到大叫，直到我媽出言威脅醫生，這時才有另一位醫生走過來查看我的情況。診斷結果是嚴重多囊性卵巢症，在我卵巢上有一個葡萄柚大小的囊腫，同時我也診斷出第四期子宮內膜異位症。」

哈蓮娜．漢彌頓（Helen Hamilton）寫下：「就像網球女將小威廉絲一樣，我差點因肺部、腿部的血栓小命不保。醫生起初跟我說，我只需要減重就好，直到我血壓暴跌到60/20，院方才終於接受有哪裡不對勁，我在加護病房足足躺了十二天。」

上述都是證據，不是口說無憑。許多學術研究都表明，有色人種女性，大多數是黑人女性，在生病時很可能得不到病症深入調查，也不太能取得她們所需的疼痛紓解藥物。

二〇一六年，美國國家科學院發表一篇報告，發現「相較於白人，美國黑人在醫療體制上的疼痛處置不足。」或多或少也解釋了為何美國黑人和白人的平均預期壽命相差七年。

醫生們需要努力克服偏見，但你也是最了解自己身體的人，所以出問題的時候你會知道。因此，要是有醫生試圖冷處理你的病症，特別是婦科毛病，那麼使出你正向粗魯力的時刻就到了。要求做進一步檢查或是斷層掃描來找出身體哪裡出問題，這並沒有錯，要是之後發現不是什麼病，只是一般經痛，那也還好，但要是真檢查出什麼病，那麼藉著堅持做檢查找到問題點，就可以幫你省下很多時間，身體也不用受更多苦。

有一位不願具名的醫生受訪時說，雖然就診應該沒必要自己提出「證據」，但女性去看診的時候，盡可能提出越多相關「證據」越好。那位醫生說：「如果你的問題可能是和生育相關，那麼使用像是Clue一類的生理期紀錄追蹤應用程式，用程式紀錄內容越多，看診時幫助就越大。」

「寫日誌記錄任何症狀，了解家族疾病史，上述都會讓醫生在診斷的時候更重視你。」

我知道，你不應該需要做到這種程度。每天，我都在與女性及特定種族的偏見當中掙扎，我希望可以不需要有這些掙扎，可是在我們推動改變的同時，我們也需要保護我們的患者，幫助她們能在崩壞的醫療體系中，得到最佳程度的照護。」

流產

流產有分很多種，有些是自然流產（小產），而有些需要醫護介入。執筆撰寫此書時，我所經歷的是後者。有時這種流產又被稱為「過期流產」，因為孕婦的身體無法排出妊娠組織，持續製造妊娠賀爾蒙。由於我的流產性質，我必須使用藥物——醫護人員在我的子宮頸置入兩顆藥，讓我的子宮收縮，排出妊娠組織。可憐的是，藥物並沒有完全發揮作用。結果證明，我的身體不太適應流產，在子宮的右上角還有一些妊娠組織沒排出，所以只好安排後續手術，整個取出的過程變更複雜。我問那位向我親切解釋整個過程的醫生，是否代表殘留在體內沒排乾淨的組織位在對我最不利的位置。他回答：「我們不喜歡用『不利』這個詞。」聽完他的回答，我就當他回答我「正是」了。

從發現小孩流掉到做手術，我總共等了四週，在這期間包含把藥物置入我體內，可說是我人生經歷最糟糕的一個階段。痛苦還沒結束，在這期間，我開始做一個又一個的惡夢，夢境既漫長又鮮明，通常是一條條像塑膠管那麼長的物體，包覆著我的鮮血，從陰道裡流出來，或者更慘，我生出一個迷你、完美逼真的小寶寶娃娃。不得不說，頻頻夢到這種夢，一點都不好玩。我看過的醫生，有幾位真的很嚴肅看待我的流產，跟我說，我夢到的夢聽起來像是創傷後壓力症的症狀。我對他們的看法一笑置之，因為我覺得創傷後壓力症是那些上過戰場回來後的人所得的病。流產這件事耐人尋味的地方是：你得自己照顧自己，去廁所，感受一塊塊組織從陰道裡流出來，然後洗完手，繼續過日子。

流產過程流量最多的那天，我還去參加一場婚宴。與過往相比，那天可說是我有生之年最病懨懨又最難過的一天，但我還是面帶笑容、喝幾杯雞尾酒，演好一場戲。可是，大概在下午快過一半的時候，我的褲褲開始無法支撐衛生棉承接的大量血塊，所以我問老公可不可以貢獻他的小內褲給我，於是那天下午直到婚宴結束，他都沒穿小褲褲，而我則穿著他的四角褲。回想起來，當初應該待在家裡，好好獨處，邊哭邊流血，我到底哪根筋不對，跑去參加個什麼婚禮？不過，流產後，我沒有大吵大鬧，因為我沒認識任何一位流產後大吵大鬧的人，所以看似我只該繼續過日子就好。

流產相關的告假規定因你所住的區域而異，在英國，醫生可以給建議並簽署流產假證明單給剛流產、需要向公司告假的女性，但一切取決於醫生的自由心證。要是孕婦在懷孕二十四週流產，那她還可請喪假。

我流產後還算幸運，在那麼糟糕的狀況下，已經是最幸運的了。我是個自由作家，有個非常體諒我的總編輯，在我經歷失去寶寶的階段，他把我當作玻璃製品一樣小心呵護。編輯大大在我向他坦承無法馬上復工的時候，他並沒有怒目挑眉，多數女性不像我那麼幸運。

我無法想像，在失去朝思暮想的寶寶後，還得哀求醫生開喪假證明的那種痛，但這是職場女子必須做的事，而且假如醫生不肯開證明，那你只好無縫接軌、乖乖回去上班。管他下面是不是還在流血、是不是還在分泌妊娠賀爾蒙、是不是每次看到 Instagram 上推播孕婦裝廣告還會不會大爆哭，人生都得繼續過下去。

我本來打算在本書裡附上一份流產女性的自動告假請願書連結，有此經歷的女生都可以當作範本用，拿給雇主核准，但我找不到任何模板，因為在我執筆當下，根本沒先例可循。

我可以明白為什麼找不到前例。在流產之前，我從來沒體會過根本使不出粗魯力的感覺。流產後我全身無力、失魂落魄，當然沒有那個力氣去展開一個全國大規模運動來推動修法。發揮正向粗魯力需要時間、心力、戰鬥力，上述三項在我流產後，全都離我而去。可是，正如大多數婦科保健的案例，這是個惡性循環，我們沒有要求更多，因為我們已經習慣自己不配得到更多，然後因為我們沒提，所以就沒得到，也因此，什麼都沒改變。

我胖我羞恥

懷孕七週的時候，我去上了第一堂新手媽媽課，簡直嚇壞：我胖了三公斤，懷孕的時候無時無刻都很餓，我戒了煙、經歷懷孕的種種不適，所以覺得我想吃什麼就吃什麼。我聽過一則又一則的恐怖故事，說著懷孕期間變超胖而被罵的事。在經歷過青春期的飲食失調之後，我沒心情再聽見因為體重復胖的訓話，令我開心的是，我到診所見到助產士的時候，發現她是個身材豐滿高大的女子，大概不會太在意體重這點，而她也的確從來沒有對我的身材有過任何意見。

按照尺碼來算，我落在S到M尺碼的區間，確切尺碼會因為聖誕節的大吃大喝而有點差異，所以我不太會被醫學判定為肥胖。但我確定，要是我開口問我固定看的家醫，是不是該減重，她會說需要，因為我體重過重。可是，在我人生住過院的所有時間（最近又比較常住院），我從來沒有聽過任何醫護人員提過我的體重或建議我減肥。可惜的是，大多數的棉花糖女孩不像我這麼幸運，尤其是那些體重超標的女生。在你還「不夠瘦」（形容像我這樣不瘦但也沒有胖到很明顯的人）的時候，醫生往往把一切症狀歸咎到體重問題。

二十四歲的潔西住在牛津郡，她告訴我：「我的尺碼落在3XL左右，無論我去哪看醫生，就算看根本不相關的科，醫生一開口就是聊體重。我曾有一連串很嚴重的頭痛症狀，而醫生給我的第一個建議就是：『我知道問題點在哪了。』看醫生的時候，我對醫生說：『我不是來這和你談我的體重，我已經和飲食失調奮鬥十五年，我也不想復胖，要是未來我下定決心要減重，我就會照你建議來做，但眼前的問題是：我的疣到底該怎麼治？』我不該這樣跟醫生講話，但總比帶著羞恥和無助走出診間來得好。」

生寶寶

有次我與一群女性朋友晚餐，席間我說：「我生小孩的時候，要是產房的醫護人員沒有先和我講清楚，我不會允許她們把任何東西放進我身體。至少他們先得自我介紹一下吧。」一同桌生過小孩的女性都笑了，因為我講得一派輕鬆，彷彿我一面生小孩，還有人一面幫我臉部按摩似的。每次我表達自己對懷孕或生產的想法時，媽媽朋友們常給我的回應是「你還不懂啦！」那天跟我一起晚餐的朋友跟我說：「生孩子沒辦法如你所想的一樣。」另一位朋友分享：「我在產台上的時候，一位護士告訴我，忘了尊嚴這兩個字吧。那些醫護人員在我分娩過程中，連先講一聲都沒有，就把手伸進我的陰道裡。」

當天晚餐時我說到，若有人未經我同意，就把手放進我身體裡，那我會很害怕。有幾位一起聚餐的女生看起來蠻沮喪的，她們告訴我：「生孩子，最重要的不是你的感受，而是生出來的寶寶健不健康。」我覺得，分娩的時候不應該只能有「生出健康寶寶」和「對自己生育方式擁有一些自主權」的二分法選項。可是顯然我的這種想法，在其他人眼中太不合理。

二〇一八年，梅根王妃剛懷第一個孩子，因為想按自己的意願安排生產方式，所以備受外界批評。她打破皇家慣例，宣布她生產完後不願意抱著孩子在醫院外拍照，不要像黛安娜和凱特王妃那樣。另一個決定是，她明顯不願讓皇家婦產醫療團隊接生她的小孩，而選擇讓一名女醫生接生寶寶，梅根表示，她不想讓一群西裝筆挺的男人來接生她的小孩（梅根，我愛死你惹！）

不知什麼原因，梅根所有合理的選擇都令他人生氣。貴為王妃，你膽敢選擇自己的寶寶怎麼生出來？我可不是笨蛋。我和大多數女性一樣，都了解生產過程並不好玩，但難道產婦期盼妥善醫療處置有很不合理嗎？多數圍繞在梅根生產話題的評論都是她對於享有頂級醫療團隊照護有多不知感恩，砲轟越來越猛烈，甚至稱她「被寵壞的女人」，但老實說，要是作為「被寵壞的女人」可以全權決定自己怎麼生孩子的話，那算我一份。

媒體和大眾只討論梅根拒絕皇家待遇，卻不承認她每天都在為她天生所屬的種族而奮鬥，實在目光短淺。如果是白人女子，選擇自己怎麼生孩子的過程會這麼煎熬嗎？

我們不敢確定梅根之所以受到媒體如此砲火猛烈攻擊，有多少是基於種族歧視，但我們可以肯定的是，在英國，論及生育，黑人產婦的致死率是白人產婦的五倍以上。所以，如果你要問，有哪些人最該享受頂級的照護，那絕對是有色人種女性。

康蒂絲·布拉威特（Candice Brathwaite）是部落格經營者及作家，她在生女兒的時候，差點死於產後敗血症，儘管醫療團隊一直向她保證她的狀態「很好」。她曾在《紅秀》雜誌寫過一篇文章，內文寫道：「很多人都跟我有類似經歷，沒什麼好大驚小怪的。最近，一線明星，像是歌手碧昂絲、網球球后小威廉絲，都談過她們的難產過程。小威廉絲表示，她剖腹產後覺得身體不舒服，但她居然得用力說服醫生幫她做進一步檢查，就算她的就醫紀錄早有備註她有過血栓。為了得到好照護，小威廉絲支付了極大一筆錢。」要是連A咖名人都沒得到妥善的照護，大家可以想像一下，身為一般民眾的有色人種女性必定得面對的處境。

康蒂絲接著說：「有了相關數據，我可以更勇敢地說出醫療體系對有色人種女性一直以來有多不用心。我們沒有得到妥善的醫療服務，多數原因源自種族偏見。從我就醫的那一刻（那位醫生還預設我是個單親媽媽），直到我的引產過程，助產士責備我『不夠堅強』，一點一滴的冒犯、批判、草率對待累積起來，歸咎到底，只因我是黑人女性。」

她想點出的是，目前存在一個趨勢，許多女性必須等到鐵證如山，知道出拳必勝的時候，才覺得自己有權採取行動。對於弱勢或少數族群女子更是如此，她們已經習慣身邊的人說事情不是她們所想的那樣。

在梅根孕期，最常聽到外界套在她身上的關鍵詞句是「自以為有特權」。當梅根拒絕皇家醫療團隊提供醫療服務，是因為她不想讓一群「穿西裝的男人」接生她的孩子，她就是自私；當梅根（據傳）想要在家中接生，而不是選擇像黛安娜王妃生威廉和哈利一樣，在倫敦聖瑪莉醫院林都院區迎接新生命，她就是被寵壞的女人。但重點來了：梅根和住在英國的其他女性一樣，照理來說，她有權，沒錯，她有權選擇自己怎麼生小孩。

你知道孕婦有權要求醫生讓她剖腹產嗎？你知道孕婦的生產焦慮可作為正當理由，所以孕婦有權在生產前就決定要剖腹產？我在親子討論網站 Mumsnet 讀過一則又一則討論如何「說服」你的婦產科醫生「允許」你剖腹。在《歐洲人權公約》（the European Convention of Human Rights）保護之下，在英國生產的女子可以自由決定自己生小孩的方式。女性也有權拒絕引產，只要不會危及性命，可以向醫護人員要求施打合理劑量的止痛針。準媽咪可以發揮正向粗魯力，向醫生說：「我知道我有權這麼做，所以請你幫我做出對我自己還有小寶寶最好的決定。」

現代醫學發展日新月異，現代人也非常幸運可以享受如此等級的服務，但醫療人員畢竟不是神，他們如同你我，只是凡人，醫護人員很容易就不把病人當人看，然後忘記產婦的身體是屬於她們自己的，而不是生產機器而已。女人並沒有因為生產而失去身體自主權。

無論是在家生產或是事前安排好要剖腹產，你各位都有權按照自己想要的方式生寶寶，或至少試著跟醫生爭取看看。如果要說什麼時候是發揮正向粗魯力的好時機，那應該就是懷孕的時候了。整個醫療體系的觀念過時了，只要求你和寶寶母子或母女均安。但除了生存之外，你更有權擬定你的生產計畫，且要求他人尊重你的計畫，你也可以中途改變決定。在其他痛苦的療程中，絕對不會有人期待你面帶笑容，表現出一副自己是幸運兒的樣子。既然如此，為什麼懷孕分娩的時候就要這樣呢？

如何使用正向粗魯力：健康篇

◆身體健康是你最珍貴的資產，所以需要他人照護很合理。

◆英國健保免費，所以如果你要求得到更好的待遇，可能會難一些。可是，醫護人員還是會犯錯，所以要是你覺得他們忽略了很重要的地方，你需要特別直白強調，直到他們有把你的想法聽進去。

◆如果你感覺醫護人員沒有認真傾聽你的需求，或以有效的方式給予治療，那麼你可以，也應該換醫生。

◆看診時，向醫生出示你的相關數據和症狀紀錄，有助於他們了解你需要的專業協助，特別是經期紀錄，是很重要的參考數據，目前市面上有非常多應用程式可以幫助你紀錄經期。

◆對於避孕方式，絕對不要將就，不要選自己不舒服的那種。不斷嘗試，直到你找到對你管用的避孕方法，或是使用保險套。和別人上床的時候採用保護措施，一點都沒錯。

◆說到身體，大家都沒錯，也沒有什麼噁心不噁心，無論你是怎麼致病的，生病並不是你的人生弱點或過錯，你值得醫療執業人員的友善對待，以及高品質、有效的醫療照護服務。

典範人物：人生就是要爽爽過的美國女伶——塔盧拉．班克黑德

塔盧拉．布拉克曼．班克黑德（Tallulah Brockman Bankhead，一九〇二一月三十一日——一九六八年十二月十二日）是美國舞台劇與電影演員。

她出身阿拉巴馬州顯赫的布拉克曼．班克黑德政治世家，她的爺爺和伯父都是美國參議院議員，她爸爸則是眾議院議員。可是，儘管她家族隸屬保守派勢力，但塔盧拉還是公開支持民權運動。她常常公然和家族唱反調，這還只是她發揮正向粗魯力的起點而已。

塔盧拉並不畏懼在大眾面前展現自己的性傾向，同時代或同齡的女性都不會如此開放談性。塔盧拉是個不折不扣的雙性戀，但她更喜歡用「男女通吃」來形容自己，以和許多男人和女人發生性行為而聞名。一九三二年，她於美國電影協

會訪問說道：「我談感情很認真，沒在說笑，我已經有半年沒有交往對象了！半年也太久！要是我現在有哪裡看起來有問題，絕對不是好萊塢或是任何與好萊塢現況有關的事，我的問題是：我要男人！六個月空窗實在太久，給我個男人！」

接著，《金賽報告》（the Kinsey Report，該報告探討人類性傾向，評分落在1到6分區間）發布後，塔盧拉評論：「我對《金賽報告》裡揭露的結果一點都不驚訝，金賽的醫療紀錄對我來說已經是老掉牙……我談過許多場短暫的戀情，其中多次高潮的方式都是一般人所不能容許的，但我就是感覺來就做了。我鄙視一輩子只獻身一人，只要讓我感興趣的新對象出現，我就會忘記之前的狂熱。」

或許塔盧拉最吸引人的地方是，她從來不覺得需要對誰愧疚。一九三三年，她因為感染性病，所以進行一場長達五小時的緊急子宮切除手術，過程中差點小命不保，等到出院，塔盧拉瘦到只剩三十多公斤，她還板著一張臉告訴醫生：「別以為我會學乖！」在切除子宮之前，塔盧拉曾墮過四次胎，當時，墮胎還屬於違法的醫療行為。

六十六歲那年，塔盧拉因雙肺炎溘然長辭，部分原因是她是個老煙槍（據說她一天就吸一百五十根菸）。據說塔盧拉的遺言是：「可待因……波旁威士忌。」

她對自己的健康毫無顧惜，而實際上，她也真的把人生享樂看得比健康還重。這點應該給我們這些不敢和家庭醫生說每週喝多少酒的人一記當頭棒喝。塔盧拉過著激情的性生活，卻從未對於自己染病得接受醫療治療而覺得歉咎。她反而笑著撐過自找的後果，活出自己的人生極致。

後記

開始下筆寫本書時，我做的第一件事就是寫日記，紀錄每天做的事，看看有哪些時刻是我不敢發揮正向粗魯力的時候。所以，來到了本書尾聲，我決定再來好好記下，發揮粗魯力後，對我的日常起了哪些變化。

早上九點

我搭捷運去上班，月台上，人群想從我身旁擠過去以求先擠進車廂，但我堅定不移——沒有把他們推回去，也沒有讓他們把我推著走。進車廂後，車廂內的人都擠在車門邊，就算明明車廂中間還有空間，通常我都會裝沒看見，站在離車門更近的位置，臉貼著車廂玻璃，內心默默有一把火在燒。但今天，我往車廂內移動，令我驚訝的是，其他人居然也跟著我向內移動。到公司的時候，發現自己完全沒有把捷運沙丁魚大戰的怒火帶進辦公室。

早上九點三十五分

我開會小小遲到一下，大概慢了一到兩分鐘進會議室，我決定使用收錄在「職場篇」裡給大家的建議，並沒有在衝進會議室時馬上為自己的無能道歉，而是在坐下來的時候說：「謝謝大家等我。」然後開始開會。可能只是我自己的想像吧？但看似大家當下更專心聽我的想法。

中午十一點

我又開了一場會，討論正在進行的專案，坐在我對面的人在沒什麼事先告知和沒經費的情況下，想要我辦一場活動。我直白回應她，計畫根本不可行。要是以前，我可能會花好幾天想辦法讓活動辦起來，然後最後無可奈何回報：實在無法。這次，我一開始就很清楚點出來不可行，這樣讓她感到沮喪，但開完會後，我知道我沒有接下根本辦不到的燙手山芋，覺得開心。

下午一點

我餓到無法集中精神，必須去覓食，這時有人問我說待會可不可以臨時參加個半小時的會，我回答：「我要先去吃個飯才行。」說出口後，為自己的勇敢驚呆，因為以往這種情況我都會省掉午餐，或者只喝一瓶健怡可樂填滿我的胃。半小時後我回到公司，獲得滿滿能量專注工作，我在快開完會的時候才加入，會後覺得自己幫到蠻多的。

下午三點

我趕著要在下午四點以前寫完一篇文章，但有一個住國外的閨蜜碰到人生卡關事件，傳了一大串訊息給我。與其立刻走進一間會議室打 Whatsapp 回復她，陪她聊聊，然後晚點再回來寫完我的文章，我決定喚醒內心的梅麗莎．法布羅（按，見第一章）。我傳訊息告訴她：「我正在忙，可以待會再聊嗎？」訊息傳出去的時候，我整顆心臟怦怦跳得好厲害，她回得有點簡短生硬，但我準時寫完那篇文章交出去了。

下午五點

收到老同學傳訊息約吃一個不知道要吃多久的早午餐，平均一人要五十五美元，餐廳只提供普羅塞克氣泡酒（我不喜歡喝這款）。我跟她說們說，我對吃早午餐不太有興趣，但我很想趕快見到她們，想不到，其他人開始附和，真讓我驚訝。於是，我們全都決定早午餐就不吃了，不如在幾天後約個時間喝個酒。

下午五點三十分

我做完今天的工作進度，所以沒有問別人可不可以先走，我就收好包包準備離開。我穿上大衣，然後說：「我今天蠻有效率的，大家明天見。」

晚上七點

我老公回到家，然後我提議既然我已經下廚一整週，或許今天可以換他在烤箱熱一些香腸，做一些馬鈴薯泥一起吃。他很開心可以大顯身手，甚至還多做了醬汁燉洋蔥。我跟他說，醬汁燉洋蔥好好吃，他告訴我，他非常享受下廚的感覺，以前他以為我比較想煮，因為我的廚藝比他好。我了解到，自己一直想成為一個好老婆，所以在過去六年裡，每晚都想要端出一桌好菜，但同時我也一直剝奪老公享受下廚的機會。

晚上九點

我想看美劇《繼承之戰》（Succession），但我老公不想，他洗好澡，躺在床上讀了好一陣子的書。等我上床時，他說他很喜歡我們新的生活模式，老公告訴我：「我喜歡再也不用猜你想要什麼或你在想什麼。」

深夜十一點

老公又在演奏打鼾交響樂了，還比之前更吵，我決定起身去客房睡。婚後夫妻分房睡就等於婚姻失敗的感覺，很難擺脫，但老公打呼聲太大聲，我真的得到別的地方才能睡著。自從我寫完本書，大概每週有一到兩晚得分房睡，但隔天一早起床，我覺得自己更開心也更有精神。我通常會在六點左右起床，躺回老公的身邊一段時間，所以在鬧鐘響前，我們還是可以在床上抱抱。

在書寫本書的過程中，我常會擔心書內舉的例子太微不足道，或者用一個太無關緊要的例子來說明很重要的事。不過，如果我們沒有發揮有話直說的正向粗魯力，這種生活方式不會在幾天、幾週或甚至幾個月之內立刻擊垮你，而是長期地、有如千個小割痕把你割得體無完膚、皮開肉綻。每當有人推你，你沒有回：「有事嗎？」；每當你為了根本不是你的錯而道歉；每當你把別人的想要和需求擺在自己之前，這一件件小事層層疊疊累積，到最後，你自我定義的人設就是：你試著達到永遠不要冒犯、打擾身邊的人。

人生留下的足跡應該是你做了些什麼，而不是避免做些什麼。「人生不該做……」從來都不是個目標。努力過著不造成他人痛苦或不傷害他人的人生確實高尚，但你也需要同時讓自己過得開心、有價值、受重視、被傾聽。要是你老是害怕身旁的人覺得你很粗魯，那麼怎能使自己開心、有價值、受重視或被傾聽呢？或許是不可能的任務吧。雖然我承認，寫此書的過程還比我預期來得療癒，但同時我也感到史無前例的沮喪。執筆的整個過程中，腦海裡一直有個聲音迴盪：「我們為什麼要改變？這個世界被設計成處處對女性不利，結果為什麼我們還得自己去修補？」女生從小就學習要被動，不要主動，然後現在期待我們去對抗從小根深蒂固的觀念，這樣不對啊。不幸的是，我們之所以必須學習發揮正向粗魯力，就是因為許多事情原本「應該是這樣」，但「實際上卻不是這樣」。你能擁有的選項是先抱怨體制，然後試著改變它。

我不是第一個試著把女性主義和正向粗魯力綁在一起討論的人，也不是第一個看到這兩者之間有所關聯的人，但我至今讀過相關主題的內容，都是把矛頭指向檢討被害人。有太多所謂的「女性主義者」喜歡談論現代女性變得多可悲、女性應該如何主動痛踢男生的蛋蛋，而不是想辦法讓它們讓我們在床上爽。我同意，女性應該擁抱正向的粗魯力，但我不能忍受的是，如果我們沒有發揮正向的粗魯力，那是我們的錯。女生沒理由為從小就烙印在我們身上的觀念負責。

撰寫此書的時候，最困難的是得面對以下事實：每當你發揮那麼一點點的正向粗魯力，你可能發現自己反而得到懲罰，而不是獎賞。有話直說的行事方式總是最困難的方式，至少剛開始很難。

倘若你讀完本書，決定從今天起只要在你想說「不」的時候就不要說出「好的」，只要你不想或負擔不起當伴娘的重責大任的時候就直言拒絕，或是決定向公司直言要求加薪，或是對男友直言坦承你在過去兩年來一直都假高潮，那麼我不能向你保證只要揮粗魯力，一切都會順順利利，因為你身邊的人早已習慣過往的你，轉變後的你不見得會受他們歡迎，也有可能會導致一些爭吵、分手、友情切八斷，還有職場問題。那些以前叫你甜心的人，可能不再覺得你是甜心了。如果這樣的話，你需要問自己這些轉變帶給你什麼感覺。你想要當人人口中的「甜心」嗎？還是你想要在自己想做的時候才做某些事？

發揮正向粗魯力並不是全有全無的選擇，你可以自己選擇在什麼時刻要發揮粗魯力，並沒有規定你把粗魯力當作像信教一樣虔誠，粗魯力更像是一種超能力。希望你可以視情況發揮，在該使用的時候，毫不客氣用好用滿。

後記　278

我要說聲謝謝你

我半開玩笑地將本書提獻給自己，因為我想，本書之所以能完成，大部分得歸功於我，所以獻給自己很合理。我也把本書獻給我妹妹，因為她是我認識的人當中最不會發揮正向粗魯力的女生。我記得某個白雪紛飛的二月下午，我們倆人在德文郡並肩而坐，我告訴她，我要把我曾經因為上節目噓了男性名嘴，而受到全國媒體報導的那次事件，寫成一本實用的書。其實我們兩姐妹一直以來都會討論如何把不同主題的想法寫成書，但在我向她形容這本書的想法的時候，她神情為之一亮，對我說：「就是這個！你要把它寫出來。」所以我就寫了。謝謝你，我親愛的妹妹露西。

要寫一本書，需要集結許多人的心力，真的比我原本預期的還要多太多。首先，我想謝謝我超棒的經紀人伊芙・懷特（Eve White），從我二十三歲那年還是個學生的時候，就一直引導著我，還有盧多・西內里（Ludo Cinelli），你也是我的明燈。接下來，我要謝謝在Trapeze出版社的整個團隊，謝謝你們首次邀請我在你們家出版一本書。還有卡琳娜・吉特曼（Carina Guiterman），謝謝你幫我編輯要在美國出版的版本，編得超好。

我也要謝謝倫敦大學醫院的伊莉莎白・加勒特・安德森婦產科，謝謝醫護人員在我人生最黑暗的時期對我抱持著同理心。

我也答應過我的抵押貸款顧問大衛・赫青森（David Hutchinson），要是我的貸款申請順利通過，我會在本書致謝把他也寫進去，大衛，你根本就是魔法師。謝謝你幫我搞定我的家。

我也要謝謝三歲的萊拉（Layla）、兩歲半的愛菲（Ivy）、十個月大的艾琳（Erin），謝謝你們三位小寶寶，在我構思對這本書的期許的時候，我希望你們三個以後不會做出像過去的我會做的決定，或至少作為女生，你們做的決定，是根據自己的需求，而不是義務。

還有，我要謝謝一邊當上班族，還要不斷聽我苦苦抱怨怎麼寫好這本書的朋友們——提姆（Tim）、夏洛特（Charlotte）、露西（Lucy）、喬治（George）、菲力克（Flick）、哈娜熙（Hannah C.）、史戴夫（Steph）、里約恩（Ieuan）、艾咪（Aimee）、喬吉

（Georgie）、卡羅（Carol）、黎貝卡（Rebecca）與菲力克斯（Felix）、伊恩（Ian）、凱蒂（Katie）、羅伯（Rob）、娜塔麗（Natalie）、艾德（Ed）、茱麗葉（Juliette）、瑪德琳（Madeleine）、葛拉漢（Graham）、拿妲莉（Natalie）、洛博（Rob）、莉芙（Liv）、葛蕾絲（Grace）、凱西（Kathy）、艾蜜莉（Emily）、梅兒（Mel）、克洛伊（Chloe）、彼得（Pete）、艾瑪（Emma）、強恩（Jon）、艾倫（Ellen）、瑪琳達（Miranda）、潔西（Jess）、里莎（Lisa）、費瑪（Faima）、路克（Luke）、帕芙琳娜（Pavlina）、黛西（Tessy），還有迪娜（Dinah）。

最後，當然，我要謝謝我的老公馬可斯（Marcus），謝謝你為我倒酒、擦乾淚水、把我的急件送到郵局，在我突然邀十二個人到家吃晚餐的時候，你沒有生氣。我愛你，謝謝你選擇一位粗魯力全開的女子當老婆。

直白人的贏家法則

停止委屈，大聲說出自己的想要和與需要，適用人生9大主要領域的最高效直接表達法

THE POWER OF RUDE Stop Being Nice and Start Being Bold

作　　者　蕾貝卡・雷德 Rebecca Reid
譯　　者　林芷安
行銷企畫　劉妍伶
責任編輯　陳希林
封面設計　周家瑤
內文構成　陳佩娟

發 行 人　王榮文
出版發行　遠流出版事業股份有限公司
地　　址　104005臺北市中山區中山北路1段11號13樓
客服電話　02-2571-0297
傳　　真　02-2571-0197
郵　　撥　0189456-1
著作權顧問　蕭雄淋律師

2023年03月01日 初版一刷
定價 平裝新台幣380元（如有缺頁或破損，請寄回更換）

ISBN　978-957-32-9947-9
遠流博識網　http://www.ylib.com
E-mail: ylib@ylib.com

THE POWER OF RUDE Stop Being Nice and Start Being Bold

Complex Chinese language edition published in agreement with David Luxton Associates through The Artemis Agency.

圖書館出版品預行編目(CIP)資料

直白人的贏家法則: 停止委屈，大聲說出自己的想要和與需要，適用人生9大主要領域的最高效直接表達法/蕾貝卡.雷德(Rebecca Reid)著；林芷安譯.
-- 初版. -- 臺北市：遠流出版事業股份有限公司, 2023.03
面；　公分

譯自：THE power of rude stop being nice and start being bold
ISBN：978-957-32-9947-9（平裝）

1.CST: 自我肯定 2.CST: 女性

177.2　　111021672